企业文化简论

A Short Guide to Corporate Culture

张 勉 著

清华大学出版社
北京

本书封面贴有清华大学出版社防伪标签，无标签者不得销售。

版权所有，侵权必究。举报：010-62782989，beiqinquan@tup.tsinghua.edu.cn。

图书在版编目（CIP）数据

企业文化简论/张勉著.—北京：清华大学出版社，2019.12（2024.5重印）
ISBN 978-7-302-53883-7

Ⅰ.①企… Ⅱ.①张… Ⅲ.①企业文化-概论 Ⅳ.①F272-05

中国版本图书馆 CIP 数据核字（2019）第 212861 号

责任编辑：贺　岩
封面设计：常雪影
版式设计：方加青
责任校对：宋玉莲
责任印制：丛怀宇

出版发行：清华大学出版社
　　网　　址：https://www.tup.com.cn, https://www.wqxuetang.com
　　地　　址：北京清华大学学研大厦 A 座　　　　邮　编：100084
　　社 总 机：010-83470000　　　　　　　　　　邮　购：010-62786544
　　投稿与读者服务：010-62776969, c-service@tup.tsinghua.edu.cn
　　质 量 反 馈：010-62772015, zhiliang@tup.tsinghua.edu.cn
印 装 者：三河市东方印刷有限公司
经　　销：全国新华书店
开　　本：170mm×240mm　　印　张：13.25　　字　数：173 千字
版　　次：2019 年 12 月第 1 版　　印　次：2024 年 5 月第 5 次印刷
定　　价：58.00 元

产品编号：079834-01

序
Foreword

随着阅历的增加，以及对人类社会和管理学理论研究的深入，我越来越相信：竞争是生命存在的方式，所谓"物竞天择，适者生存"。曾几何时，恐龙是最强大的动物，但是这个"巨无霸"却无法适应地球的变迁，最终走向灭绝；蚂蚁很小，经不住人们手捏、脚踩，但它们却顽强地生存下来，并充满活力。为什么？一是蚂蚁具有明确的分工，工蚁负责劳作，兵蚁负责打仗，蚁王统一指挥；二是蚂蚁具有团队作战的特点，一群蚂蚁通力合作，可以搬走一个花生皮，也可以应对其他的挑战；三是蚂蚁具有旺盛的生殖能力，在大量"减员"的同时，又大量繁殖出后代。这样的例子屡见不鲜。看似庞然大物，却无法持续生存；看似不值一提，却能生机勃勃。这是由不同动物的行为适应性和遗传基因决定的，这虽谈不上"文化"，却有与人类文化相似的因素在起作用。

人类与一般动物有本质的不同，人有思想，有感情，有辩证思维，人类社会的竞争纷繁复杂，既有与自然环境变迁相适应的挑战，也有与社会环境变迁相适应的挑战。不同的种族、不同的国家、不同的社会群体，在这种残酷的竞争中悟出一个道理：要在竞争中生存下来，单打独斗是不行的，必须靠群体的力量，万众一心地去争生存、争发展。而要凝聚成千上万的人，必须建立共同的目标，必须培养合作的愿望，必须建立良好沟通的渠道，必须制定形成合力的群体规范，必须形成共同遵循的价值观念……一言以蔽之，必须建立完善的文化。

纵观人类社会，大体上可分为4个主要的文化圈：

1. 天主教（包括基督教）文化圈：主要在欧美发达国家；
2. 儒学文化圈：主要在中国、日本、韩国等东亚地区；
3. 佛教文化圈：主要在印度、泰国、缅甸等南亚地区；
4. 伊斯兰教文化圈：主要在中东、北非、南亚地区。

我不是社会学家，也不是人类学、宗教学家，但从管理学角度来看，地球上存亡兴替的过程，无不与这4个文化圈的消长兴衰有关。

儒学文化圈曾经在中国造就了强大的汉、唐、明朝，它们在当时的世界，不仅在政治、军事和文化上是先进的，而且在经济上也是先进的。那么，为什么从明末开始逐渐走下坡路，甚至沦为西方列强瓜分和欺凌的对象呢？归根结底，是由于儒家文化的局限性。例如，"重农轻商"的传统妨碍商品经济的发展，"重义轻利"的传统进一步扼杀了人们经济活动的进取心，"述而不作""祖宗之制不可改"等理念不利于人们创新精神的发扬。而经济活动主要局限在农业领域，限制了科学技术、工业和商业的发展，在西方的科学技术革命、工业革命和资产阶级革命面前，在由此形成的坚船利炮面前，中国屡屡败下阵来。历史证明，一种先进的文化可以造就一个民族和国家的振兴；反之，一种落后的文化可以带来一个民族和国家的灾难。文化是人类社会竞争的一把利器，文化的传承和更新是人类进步的强大动力。

儒家文化圈中，日本最先崛起，因为日本搞了明治维新，吸收了西方文明中的有益元素。改革开放以来，中国经济连续40年高速成长，同样是由于我们摆脱了儒家文化中消极因素的束缚，大胆借鉴了西方的市场经济、科学技术和现代管理之长，补自己之短，而且明智地发扬了儒家文化中的精华——勤劳节俭、讲究和谐、重视群体、致富经国，成为中国经济崛起的独有动力。

党中央十分重视中国软实力的建设。党的十八大正式提出，倡导富强、民主、文明、和谐，倡导自由、平等、公正、法治，倡导爱国、敬业、诚信、友善，积极培育和践行社会主义核心价值观。这一核心价值观，既继承了以儒家为代表的中国传统文化的优良传统，又汲取了西方文明中的有益成分。

2013年11月26日，习近平总书记来到历史文化名城山东曲阜，参观考察孔府、孔子研究院并同专家学者座谈。他强调，中华优秀传统文化是中华民族的突出优势，中华民族伟大复兴需要以中华文化发展繁荣为条件，必须大力弘扬中华优秀传统文化。

2014年5月4日，习近平总书记在同北京大学师生座谈时指出："人类社会发展的历史表明，对一个民族、一个国家来说，最持久、最深层的力量是全社会共同认可的核心价值观。核心价值观，承载着一个民族、一个国家的精神追求，体现着一个社会评判是非曲直的价值标准。"

有人对天主教文化与儒家文化作对比时曾概括为：西方追求卓越，东方追求和谐。经过改革开放洗礼的现代中国，把两者很好地结合起来，既追求卓越，又追求和谐，这是造福子孙后代的先进文化。

文化是这样重要和富有魅力，吸引着许多学者研究文化，但文化研究是十分困难的，因为文化有许多隐形的、难以测量和几乎无法准确表述的内容。我和我的弟子们，在近30年中，致力于管理学、人力资源管理和组织文化的研究，取得了一系列有益的成果。

本书的作者张勉博士是我的博士后。他从2002年开始跟随我从事企业文化研究和教学，到现在已经是第17个年头，我见证了他在这个领域成长的过程。本书是他这些年来研究和教学的积累，是一本偏学术的专著。张勉博士的特长是对中西方的企业文化文献都有深入的了解，而且在众多企业文化咨询项目中积累了丰富的经验，所以这本书能做到内容丰富充实，同时重点突出、便于掌握。我仔细地阅读过他发给我的初稿，并提出了详细的反馈意见。我认为这本书对企业文化领域有新的贡献：

1. 对美国著名企业文化专家——沙因的理论有比较深入的介绍，特别是关于企业文化基本假设（企业哲学）、企业文化变革的微观心理机制等比较艰深的理论讲得很透彻，这在国内著作中是很罕见的；

2. 对企业内的亚文化——类型与对策，论述精辟，补充了现有著作的不足，在理论与实践上均有创意；

3. 介绍了一种面向未来的组织——高赋能组织，并且提出了可操作的行动指南，这为读者打开了一扇认识未来组织的大门；

4. 介绍了适应性领导的概念，并且提出了适应性领导的六项行动方案，有助于企业推动文化变革。

总之，这本书特色鲜明、勇于创新，既有理论价值，又有实践意义，值得一读。

我支持张勉在这本书中口语化表达的方式，有利于深入浅出地讲解企业文化理论，使本书在更多读者中获得共鸣。

我认为本书的读者群是广泛的，不仅包括企业事业单位的管理人员、管理专业的大学生，那些从事管理研究的学者和企业咨询人员也能从中获益匪浅。

我衷心地祝愿广大读者从本书中汲取智慧、得到借鉴，推动中国企业的持久繁荣，推动中华民族的伟大复兴，推动当今的世界变得更加美好。

张 德

2019 年 8 月 28 日于清华园

前言
Preface

　　企业文化是我喜爱的教学和研究领域，一方面内涵丰富，有很多重要的理论知识；另一方面又和实践联系紧密，能让管理者们切实感到有用。在互联网时代，获取信息和知识的渠道很多，如果没有自己的知识、感悟和特色，学生听起来没有深刻的启发和收获，我教起来也缺乏动力。因此，作为教师，我希望用带有自己鲜明风格的体系讲课。

　　本书是我根据清华 MBA 课程的备课内容写出来的，最初只是幻灯片和手写的一些不成体系的注释，随着时间的推移，我感到内容逐步成熟起来了，有责任把内容变成有体系的文字。最初的尝试是 2015 年，我每次上完课后，会在当天把上课的内容转写成文字，得到了一个粗糙的原始版本。之后，不断地找时间修订，寻求反馈，最终成型。

　　本书不是严格意义上的教材。我有选择性地介绍了自己熟悉或偏爱的知识，难免忽略掉其他一些有价值的东西。例如，对于符号象征主义学派关于企业文化的观点，以及企业文化和品牌之间的关系讲得较少。从文字上来说，也不符合传统教材严肃的表达方式。我希望读者们把这本书视为一本激发你们思考的专著。如果你们阅读完，感到有收获，激发起了你们的兴趣，愿意探索更多企业文化的理论和实践，我将感到非常欣慰。如果你们发现这本书还值得多看几遍，值得玩味，我将发自内心地开心。如果你们在十年或更长时间后，仍然发现这本书里有些观点经受住了时间的考验，的确帮助到了你，我在这本书的写作上所花费的时间和精力，将非常有价值。

如何使用这本书呢？我推荐的方式是：在阅读正文之前，读者们能根据每个小节下的问题先独立思考，并用语音或文字把你的思考记录下来。其次，请根据你的思考记录，对比正文中的知识和观点，区别出相同点和不同点，并把让你感到新颖而实用的文字标记出来。然后，如果你有一个学习组，建议你和学习向导（我对教师的称呼）或同学交流互动，表达自己的观点，倾听他人的观点，并把你认为有益的东西记录下来。接下来，在复习和反思阶段，重新阅读正文，在空白处记录下你的感想。对于你不认同的知识和观点，建议特别标注出来，并写出你不认同的理由。最后，在学习完整本书后，请根据你对某家企业的了解，参考附录的提纲和要求，尝试撰写一篇企业文化的论文。

感谢我在清华博士后期间的导师张德教授，是他带我进入了企业文化研究领域，十多年来我不断地从他那里获得无私的指导。也许回报恩师最好的方式，是继承他的思想和品德，去帮助更多的人。感谢和我有相同研究兴趣的同事和朋友，特别是李海、曲庆、王雪莉和杨百寅几位教授，我从与他们的交流，以及对不同观点的争议中获益良多。感谢和我一起成长的MBA学生们，特别是刘硕、韩雪、施建光、汪陶、修丽丽、王强、王超、王伟、高靖，他们选择了企业文化作为毕业论文的主题，我在指导他们论文写作的过程中，学习到了很多。还有很多在课堂上积极发言，以及提交精彩作业的清华MBA学生和高管教育项目的学员，虽然在此不能一一列举他们的大名，但我由衷地感谢他们，正是他们的参与和贡献使我体会到教学相长的乐趣。另外，感谢清华大学文科出版基金的资助，同时感谢国家自然科学基金委提供的资助（项目号：70402001；71672099）。所有这些人和机构的帮助，是我教学和研究源源不断的动力。

限于本人的知识、眼界和能力，本书一定存在不少局限性。例如，作为一个理工科出身的管理学教师，我在文字写作方面还有很大的提升空间；对于采用批判性反思的视角来看待企业文化，我钻研得还不够。为了听到读者们的声音，我在豆瓣网建立了一个兴趣小组（www.douban.com/group/qywh/），欢迎感兴趣的读者们讨论交流。我会定期查看，并给您反馈。

张　勉
2019 年 6 月 29 日于清华园

目录
Contents

第 1 章　企业文化的意义、来源和定义 ………………………… 1
1.1　企业文化和生活 …………………………………………… 2
1.2　企业文化的意义 …………………………………………… 4
1.3　企业文化的来源和发展 …………………………………… 7
1.4　企业文化的定义 …………………………………………… 9
1.5　领导和企业文化 …………………………………………… 12
1.6　战略和企业文化 …………………………………………… 13

第 2 章　企业文化的结构和层次 ………………………………… 17
2.1　三个观点 …………………………………………………… 18
2.2　观点之间的异同 …………………………………………… 20
2.3　制度和文化 ………………………………………………… 22
2.4　变和不变 …………………………………………………… 24
2.5　氛围和文化 ………………………………………………… 26
2.6　继承中国传统文化精髓 …………………………………… 27

第 3 章　企业文化的表现形式 …………………………………… 33
3.1　表象层的一般特点 ………………………………………… 35

3.2 特色制度和行为规范 …………………………………… 38
3.3 企业文化策划 …………………………………………… 40
3.4 企业文化建设：谁来负责？ …………………………… 41
3.5 企业文化推广 …………………………………………… 43
3.6 品牌文化推广 …………………………………………… 46

第 4 章　亚文化和意识形态 …………………………………… 49
4.1 常见的亚文化类型 ……………………………………… 50
4.2 一元观和多元观 ………………………………………… 52
4.3 对待亚文化的态度 ……………………………………… 56
4.4 作为宣称价值观的意识形态 …………………………… 57
4.5 如何看待宣称和实际之间的不一致？ ………………… 60

第 5 章　企业文化的测量 ……………………………………… 63
5.1 竞争价值观模型 ………………………………………… 65
5.2 四种文化类型 …………………………………………… 66
5.3 企业文化测量 …………………………………………… 68
5.4 管理风格评价 …………………………………………… 71
5.5 企业文化测评的案例 …………………………………… 73

第 6 章　基本假设 ……………………………………………… 77
6.1 人与自然的关系 ………………………………………… 79
6.2 人性的假设 ……………………………………………… 84
6.3 人与人的关系 …………………………………………… 88
6.4 现实和真理的本质 ……………………………………… 94
6.5 空间和时间的本质 ……………………………………… 102

第 7 章 企业文化的导入和强化 ··················· 111

- 7.1 企业领导是企业的 CCO ················· 113
- 7.2 组织结构和文化建设 ···················· 117
- 7.3 制度和文化建设 ······················ 118
- 7.4 工作原则和文化建设 ··················· 120
- 7.5 企业文化的内部传播 ··················· 123

第 8 章 企业文化的变革 ························ 133

- 8.1 企业发展阶段和变革的重点 ··············· 134
- 8.2 企业文化变革的微观心理机制 ·············· 139
- 8.3 企业文化变革的三项原则 ················ 143
- 8.4 个人的适商 ························ 147

第 9 章 适应性领导 ··························· 153

- 9.1 模糊与领导 ························ 155
- 9.2 适应性领导 ························ 157
- 9.3 适应性领导的行动方案 ·················· 159

第 10 章 高赋能组织管理模式 ···················· 169

- 10.1 建立使命和愿景驱动、开放透明的文化 ········· 171
- 10.2 合理赋权 ························ 174
- 10.3 及时更新组织结构和岗位职责 ·············· 176
- 10.4 引导人们不断提升能力 ················· 178
- 10.5 工作的主人和岗位的监护人 ·············· 181
- 10.6 激发组织活力 ······················ 184

参考文献 ································ 187

附录 ·································· 191

第 1 章

企业文化的意义、来源和定义

1.1 企业文化和生活

Q 结合你的生活体会,你能举出一些企业文化的例子吗?

企业文化和我们的生活息息相关。我先讲几个例子。第一个例子,是一位企业高管从一家大型外企 A 跳槽到一家民营电商企业 L,工作了六个月,因为不适应新东家的企业文化,离职了。离职后,他总结了自己在 L 企业三个方面的不适应:第一,工作和私人生活不分开,工作大量地侵入私人生活。例如,他一直把微信当作私人的沟通工具,好友仅限于关系紧密的小圈子,但进入企业 L 后的头一个周,新加的好友人数就超出了以前好几年的总和。而且,他很不习惯在自己的微信朋友圈转发公司的产品推介文章,但 L 公司却大力提倡员工们这么做。第二,老板过于讲情怀,员工有被洗脑嫌疑。第三,认为管理层做出的一些决策没有原则,为了达成挑战性目标,选择不符合"底线"的手段。这个例子在互联网上引发了热议,评论分成鲜明的两派:一派支持,另一派反对,双方的评论你来我往,各执己见,并逐步演化成外企和私企的文化差异之争。

第二个例子,是我访谈过的一位经理人从外企 I 跳槽到一家国企 Y 后的感受。她是负责人力资源工作的,跳槽没过多久,就感到两家企业存在非常明显的不同。她发现,在面试的过程中,企业 Y 的领导比较喜欢乖巧的面试者。对于思想活跃的人，领导们认为留不住。在企业I的时候，每年上级和下级会面对面地沟通，一条条地定目标，考核的时候也是一条条地核对。而在企业Y中，她感到企业领导的主观印象很重要。她刚到企业Y的时候，提醒自己，行为上要融入新的企业，所以比较收敛。过了一段时间，工作有了成绩，会上变得爱发言，喜欢陈述自己的见解。她的上级善意地提醒她，"不该说话的时候别说"。

第三个例子，是两家不同背景的国企合并。合并前，国企Z是原经贸部管辖的企业，底子上对现代企业管理不排斥，比较市场化，员工思想相对比较活跃。另一家国企C是交通部的企业，从军队中走出来，带有军事色彩。两家国企于2009年合并后，由于企业文化很不一样，两批人很难融合。原国企Z的多位管理者反映，合并后的公司氛围很压抑，造成了不少员工的离职，影响了业绩。尤其是2013年，合并后的企业出现了百亿元巨亏。据我了解，直到今天，这两种文化也没有融合的迹象。内部人告知我，他们两批人之间见面交流很客气，但彼此从文化上仍然很难容纳对方。

第四个例子，是一家地产J公司兼并了另一家互联网公司B后的文化冲突。J公司以传统的地产经营模式起家，创始人希望向工业互联网平台转型，因此兼并了一家建筑设计的互联网公司。J公司相对来说以强管控为主，工作时间朝九晚五，着装要求正装打领带。J公司的创始人认为，缺少有效控制的过程，就不会有好的结果。兼并后双方都不适应：J公司的员工发现上午到了十点钟，原B公司的人还没有到，但是到晚上十一二点的时候，原B公司的人还在加班。原B公司的员工对J公司强管控的方式也很不适应，不习惯严格的考勤、例会、各种报表。更有意思的是，原B公司的员工看到J公司员工朝九晚五的节奏，觉得和J公司的员工相比，付出的更多，但收入和奖励却没有J公司的员工多，慢慢开始松懈下来。有几个原B公司的高管待了一段时间，接受不了J公司由清晰的等级结构、紧密的控制和严格的纪律构成的管理体系，选择了离职。

这些例子形象地说明，企业文化就在我们身边，并影响着我们的生活。美国学者迪尔和肯尼迪在《企业文化：企业生活中礼仪与仪式》（第15—16页）中很好地总结道："当他们（注：是指在企业工作的员工）选择了一家公司时，实际上就等于选择了一种生活方式，文化以一种有力而又微妙的方式塑造着他们的行为……工作了几年之后，他们的言行举止就会受到文化的制约，尽管他们自己可能都没有意识到这一点。然而一旦调换了工作，他们就会大吃一惊。"迪尔和肯尼迪通过观察，发现成功企业有三项共同的特点，包括：第一，有一个清晰而明确的经营理念来指导它们的企业行为；第二，管理层十分重视价值观的塑造和调整，以使它们适应企业当前的经济和商业环境，并在组织内广泛传播；第三，公司各个层面的员工熟悉并认同这些价值观。

1.2 企业文化的意义

◉ 企业文化是客观存在的吗？

企业文化这四个字中，文化是基础。我在读博士期间，导师之一朱楚珠教授对什么是文化用过一个形象的比喻："什么是文化？文化像风，你看不见风，可风起时，你看到树枝在摇动，海浪在翻腾。"这个比喻挺贴切，说明人们虽然能直观地感到文化带来的影响，可是文化本身是抽象的，包含在很多现象中，但现象又不能等同于文化。树枝因为风而摇动，但树枝不是风。海浪因为风而翻腾，但海浪不是风。我们只能说，很多现象折射出文化。

风是一种自然现象，而文化是有意义的符号体系。人类的语言就是一种有意义的符号体系。什么叫作有意义的符号呢？根据社会心理学家乔治·米德的观点，意义是指某种符号在其他人心灵中激发出和在自我心灵中相类似的反应。文化是人类群体社会活动的产物。如果某一群人说的语言，或者更宽泛地讲，某一群人做出的某种行动姿态只有他们自己能理解，并不为我们所理解，我们就不理解他们的文化。如果某个人发明了某种符号体系，但别人都不明白，那也不能称之为文化。人类的文化是如何产生的呢？有多种理论试图回答这个问题，我比较接受发展心理学家迈克尔·托马塞洛的观点。他认为，人类群体通过合作来解决生存适应问题，合作活动催生了集体意识，文化反映了集体的行动意向性，并指导个人在群体中的行动。荷兰学者冯斯·强皮纳斯对文化的定义反映了类似的观点，他认为文化是一个群体解决问题、调和矛盾的方式。在解决问题和调和矛盾的过程中，不同的群体采用不同的解决方案，从而表现出多样化的文化特质。

人类群体有文化是一个常识，但是动物群体有没有文化？之所以问这个问题，是因为有人常常用动物的特征来形容一个企业的文化，例如"狼文化"。我认为，这取决于两个因素。第一，我们认为动物有没有心灵，特别是有没有反身性的思考。所谓反身性，是指主体把自己想象为其他的主体。如果有证据发现，某种动物之间的沟通有反身性的思考，那么文化就很可能存在。请大家注意，这里不仅提到了沟通，更强调反身性的思考。例如，很多动物在捕食者出现时，能发出有危险的鸣叫警告同类。它们之间的沟通是一定存在的，但如果只是当捕食者真的在场时，才发出鸣叫，这只是生物上的应激反应。什么是反身性思考的表现呢？例如，当真实的危险并不存在时，某类动物通过鸣叫来吓退群体其他成员，从而获得某种好处，就很可能是反身性的思考。第二，我们认为动物群体有没有集体意识，有没有符号体系表达集体的行动意向性。有人也许从狼群的集体捕猎行为中，推断狼群有集体意识，从狼群捕猎前的集体嚎叫行为中，推断嚎叫是表达集体捕猎的意向性。按照迈克尔·托马塞洛的观点,狼的集体行为是基于"我"而不是"我们"的模式形成的,之所以有集体捕猎行为,是因为每匹狼宁愿其他狼抓到猎物,也不愿意猎物跑掉,或者说每匹狼宁愿分到一些肉,哪怕是一点肉,也不愿意没肉吃。狼群的嗥叫是一种沟通方式,但不是独立于主体而存在的符号体系。因此,狼群并没有集体意识。

管理学中已经有很多的概念,为什么还要创造出企业文化这样一个看不见、摸不着的概念出来?我认为,它的意义在于能够满足人们三个方面的基本需求。

第一,企业文化能够让我们对周围环境有明确的解释。当人们不具备某种文化视角时,对一些事物的看法可能是多种多样的,会带给人们强烈的不确定感和焦虑感。当透过一个统一的文化背景,用文化的视角去理解和解释事物的时候,就能减少模糊和不确定性。社会心理学家迈克尔·豪格认为,人类有减少不确定性(uncertainty reduction)的基本需求。因此,如果我们对某个事情,尤其是和生活息息相关的事情找不到一个答案,会感到焦虑和不适,而文化给我们带来安全感。在人和人的互动情境中,文化能够帮助我们理解和判断对方的言语和行动。因此,文化帮助我们理解与人和人互动相关的现实(reality)。有趣的是,不同的文化造成大家理解到的现实是不一样的。例如,在一家企业里的某种行为可能被解读为积极进取,而在另一家企业,同样的行为可能被解读为轻率、鲁莽。

第二,有了企业文化做基础,大家容易对企业形成认同,满足人们归属(need for affiliation)的基本需求。当企业中的员工交流的时候,如果有某种共同语言把大家凝聚在一起,就能满足归属的基本需要。社会心理学家认为,人类希望把自己分到某个类别中去,并对这个类别建立认同。企业文化正好给在企业中发生的工作行为,以及人和人之间的互动提供了一个意义的解释框架。人类活动的本质是合作,生活的意义需要在群体中通过互动来体现,比如上级和下级互为依赖,说者和听者互为依赖，缺一不可。这就像是玩游戏，如果大家遵循同样的游戏规则，包括成文和非成文的规则，就能玩到一起去。相反，如果没有游戏规则，大家就只能各玩各的，那样就不能满足"在一起玩"的心理需求了。

第三，人们还有差异化的基本需要（need for differentiation），尤其是企业和企业竞争的时候，需要让客户、竞争对手很快辨识出你来。当我们观察经济生活中各个行业的时候，会发现，越是竞争激烈的行业，越容易出现有特色的企业文化。这是因为在竞争激烈的行业中，企业更需要辨识度。例如，同在通信设备制造行业，华为和中兴两家公司的文化就有很大差异；同在家电制造行业，海尔和海信的文化有显著的差异。其实，就算是在同一个群体之中，如果大家完全一样，虽然满足了归属的需求，但是人们差异化的需求得不到满足。因此，在同一个企业中，虽有反映相似性的主流文化，但是反映差异化的亚文化也普遍存在。首先，劳动分工会带来文化的差异化。其次，企业内部不同群体间竞争越厉害，群体之间的亚文化差异就越明显。

1.3 企业文化的来源和发展

◉ 你认为企业文化这个概念过时了吗？

在组织管理领域接受文化这个词之前，文化在人类学和社会学中已经被长时间地使用。文化在组织管理领域中是什么时候开始出现的呢？据我所知，组织文化这个词最早出现，是由安德鲁·皮特格鲁（Andrew Pettigrew）教授于1979年在《行政管理季刊》（*Administration Science Quarterly*）上的一篇文章中提出的，文章名称叫作《研究组织文化》（*On

Studying Organizational Culture）。这个词的出现，和日本在"二战"后经济的兴起有关。当时日本企业制造的产品，在美国市场上不断攻城略地。面对日本企业咄咄逼人的挑战，美国学者开始重视日本经济，研究日本企业，并把日本企业成功的核心要素归结为企业文化。

从20世纪80年代开始，企业文化变成了炙手可热的管理流行词，也涌现了一批以文化为核心的管理书籍。其中卖得最好的一本，当属彼得斯和惠特曼撰写的《追求卓越》。两位作者通过对当时优秀企业的调查，宣称找到了优秀企业具有共性的八大文化特征，包括：崇尚行动、贴近顾客、自主创新、以人为本、价值驱动、不离本行、精兵简政、宽严并济。这些特征看起来都很有道理，但也几乎接近于常识。还有一本值得推荐的书是柯林斯和波拉斯在2000年左右撰写的《基业长青》（*Built to Last*）。这本书改进了《追求卓越》一书的研究方法，得出了一些有意义的结论。作者的基本观点是：只有高瞻远瞩的公司才能基业长青。如何做到高瞻远瞩呢？一方面需要有稳定的文化核心；另一方面需要有刺激不断进步的动力。

从20世纪90年代开始，管理学者们开始把企业文化作为研究的核心。有些学者花费气力，试图建立一套定量化测量企业文化的工具。有些学者则把重点放在企业文化如何影响企业经营业绩上。哈佛大学的教授约翰·科特认为，企业文化和经营业绩之间，不是一种简单的关系，即企业文化强，经营业绩并不一定就会好。他发现，对企业最有利的文化，是灵活适应型的文化，这种文化的核心是以客户和市场为中心，不断通过变革适应经营环境的变化。到了20世纪90年代中后期，学者们把重心放在研究企业文化变革上，探讨企业如何通过文化变革焕发活力。

进入21世纪，企业文化的热度有所下降。这主要是因为技术的进步和竞争的全球化，使得企业更关注如何积极求新、求变。而企业文化更强调历史、传统和稳定，似乎显得和时代的变化趋势相违背。有人认为，现在的时代是个 VUCA 的时代，所谓 VUCA，是指环境越来越多变（volatility）、不确定（uncertainty）、复杂（complex）和模糊（ambiguity），所以企业应该更关注创新和变革，少关注文化。但是，我认为学习和研究文化，和创新、变革的时代主旋律并不矛盾。相反，由于割裂历史和传统的变革往往难以持久，所以掌握企业文化的规律性，有利于实施更有实效的创新和变革。我甚至认为，环境越带有 VUCA 的特征，人们越需要认清和坚守自己的文化核心。没有文化核心，创新和变革将变得基础不牢靠，成为无源之水、无根之木。只有在文化核心基础上的创新和变革，才是真正有效的。

1.4 企业文化的定义

你认为企业文化是什么？

企业文化这个词在管理中被频繁地使用，人们似乎已经司空见惯。它其实是个看起来简单，却比较难以解释的概念。因为它内涵丰富，所以很容易变得面面俱到。有同行批评这个概念，说"企业文化是个大箩筐，什么东西都可以往里装"，就是在批评把企业文化泛化的倾向。可是这个概念的确容易被泛化，如果我们查《辞海》里面关于文化的定义，会发现文化最宽泛的定义是"人类一切物质文明和精神文明的总和"。如果这么说，那企业文化真的是包罗万象了。

企业文化是什么呢？在企业文化的研究领域中，不同的学者对企业文化的理解不同。有些学者采用功能主义的视角，从是否对企业业绩有帮助的角度去理解和衡量企业文化，有时通过统计模型对文化进行研究。功能主义强调企业文化的实用性，把企业文化看作是企业具有的核心特征。在功能主义者的眼中，企业"有"（have）文化。还有一些学者，把企业文化视为一种符号体系，强调文化象征化（symbolic）的意义，并不认为企业文化和企业业绩之间一定有明确的联系，而强调企业文化本身就是企业的一种存在形式。在符号象征主义者的眼中，企业本身就"是"（is）文化。在管理学界，人们不同程度地受到功能主义思想的影响。这是因为，如果企业文化和企业业绩之间并不存在明确的联系，那么企业管理者们自然会问：学习企业文化有什么用呢？我本人认为，应该采取开放的心态，所以在本书中，介绍功能主义的内容多一些，但也有不少象征主义的内容。

我推荐关于企业文化定义的两个代表性说法，它们各有优点，最好兼容并蓄地学习和吸收。清华大学张德教授认为，组织文化是指组织在长期的生存和发展中所形成的，为组织多数成员所共同遵循的最高目标、基本信念、价值标准和行为规范。它是理念形态文化、制度—行为形态文化和物质文化形态文化的复合体。张德教授认为，组织文化是一种客观存在，无论它属于优良的文化，还是劣性文化，它的存在是客观的。从一个组织诞生那一天开始，组织成员在长期的共同活动中，必然会形成一些独特的行为方式、独特的风俗习惯，以及蕴藏其中的独特的价值观念。这一切构成了组织传统，这个传统在组织成员之间传播并得到加强，这就是该组织的微观文化，或"小气候"。

美国麻省理工学院的埃德加·沙因（Edgar H. Schein）教授有一本在企业文化研究圈内很有名的著作，叫作《企业文化与领导》。他在这本书中提出，企业文化是由某个特定群体在学习解决外部适应和内部整合问题的过程中，总结、发现和创造出来的一种集体经验。请大家注意这个定义里面包括的两点。第一点，它特别强调企业文化形成的历史，认为文化是一种沉淀下来的经验。有些企业墙上写着令人激动的标语，但是需要注意，有些时候越是缺的东西，越被叫得响。通过历史沉淀下来之后，大家觉得是想当然的东西，反倒叫得没有那么响。沙因的这个定义提醒我们，要重视企业文化的历史沉淀。第二点，是为什么它能够成为共同默认的假设，而不仅仅是限制于小部分人认同的假设？这是因为凡是成功的东西，更容易获得共识。按照这种假设去做的话，运作良好，所以会被越来越多人认为有效，越来越少地被挑战，成为企业的历史经验。企业还会把这些好的历史经验向新进入企业的员工讲，甚至向更多的利益相关者讲，从而把企业文化传播开来。

哈佛大学的约翰·科特教授在《企业文化和企业经营业绩》一书中，有和沙因相类似的观点，他写道："企业文化通常代表一系列相互依存的价值观念和行为方式的总和。这些价值理念、行为方式往往为一个企业的全体员工所共有，往往是通过较长的时间积淀、存留下来的。……企业员工通过企业文化的这种延续性学习到企业的价值观念和行为方式。他们按照这些观念和行为方式的行为将受到褒奖，他们拒绝接受这些观念和行为方式的行为则受到企业的排斥和打击。"这些话，值得反复琢磨。

国外一些学者在 2000 年后开始使用一个类似的术语：组织认同（organization identity），并曾经一度大有取代组织文化的趋势。所谓组织认同，是指组织成员如何看待自己，尤其强调和竞争对手相区别的独特性，回答"我是谁"的问题。我认为，这两个概念之间尽管有相似之处，但存在根本性的不同。首先，从内涵上说，组织文化包括丰富的内容，而组织认同只是突出了其中的部分核心内容；其次，组织文化的核心（如本书第 6 章讲到的基本假设）不太容易被观察出来，组织认同则比较强调文化外显的部分；最后，组织文化反映了历史的沉淀，其核心相对比较稳定，而组织认同反映了成员希望如何表达自己，相对容易发生变化。如果把组织文化比喻成一个人的气质的话，那么组织认同就像是一个人自我认可的人物设定。把组织认同展示到外部人的眼中，就是组织成员希望外部人看到的组织形象。

1.5　领导和企业文化

◉ 有人说企业文化就是领导文化，你如何评价？

　　许多因素能够影响企业文化。在张德教授《企业文化建设》的书中，提到了民族、所有制、行业、地域、发展阶段、领导和群众等因素都能影响一个企业的文化，大家可以找到相关的章节学习。除了以上提到的因素之外，客户也是一个重要的因素，尤其当一个企业在发展的初期，强烈地需要依靠某类客户甚至某个企业客户生存时，就会很大程度上受到客户的影响。例如，某家小公司的客户是阿里公司，这家公司全方位地复制阿里的文化和管理模式，在公司内部，也推行"六脉神剑"（注：阿里提出的六个核心价值观）的企业文化。

　　领导和企业文化是什么关系？我们经常听到"企业文化就是一把手文化"的说法。这个说法有道理，但我认为并不完全准确，是有条件的。什么时候"一把手"对企业文化起到决定作用呢？往往是当一把手具有绝对权威，而已有的企业文化没有很长的沉淀时。私营企业的创始人往往是所在企业的精神领袖，具有绝对的权威，尤其当企业经营良好时，创始人思想的合法性得到业绩的肯定，更具有企业内部的合法性。所谓合法性，是指人们把它当作理所应当的事情。在这种情况下，说"企业文化就是一把手文化"，并不为过。

　　但是，当一家企业有了文化的沉淀，领导和企业文化之间的关系就发生了改变。例如，经营了几十年甚至上百年的大型企业，新上任的CEO往往受到已有文化的限制，他或她改变文化的努力会遭到抵制。美国管理咨询顾问伊查克·艾迪斯曾经讲过一个生动的例子：他去欧洲一座山旅游，选择了骑马登山。他发现每到岔路口时，不等他做出选择，马会自动选择一条路，即使他试图用缰绳提示马走另一条路线，也无济于事。马被训练走一样的路线，已经固化了，所以马不再理会游客的选择。这个故事启示我们，在有深厚文化积淀的企业中，即使是"一把手"，很多情况下仍需要顺应文化。试图改变文化的决策和行动，将遇到很大的挑战。我曾经给一家有百年历史的电力公司管理人员上课，我讲的内容是通过分权增加组织创新和活力。课间和学员们交流，学员告诉我，这家公司的确应该发生转变，但已经根深蒂固的文化使得变革困难重重。改变这些企业的文化，需要强大的领导力，我将在企业文化变革的章节（即本书的第8章和第9章），深入探讨这个问题。

即使我们不是位高权重的领导，刚换一份工作，到一家成熟的企业，也需要留心先搞清楚这家企业的文化特点。另外，即使在同一家企业内部换工作，也要留意新部门的亚文化，或者更准确地说，留意新部门的氛围。例如，从后台支持部门到一线营销部门，部门的亚文化或部门氛围会非常的不同。企业文化是和人们的情感联系在一起的，有人违背文化，会让文化的建立者和拥护者们感到自尊受到威胁。如果不清楚文化背景，为了干好工作而急于表现自己，急于去改变看起来不合理的"问题"，常常会碰一鼻子灰，甚至跌得鼻青脸肿。

1.6 战略和企业文化

◉ 彼得·德鲁克先生说："文化能把战略当作早餐吃掉。"你如何理解这句话？

战略和企业文化是什么关系？首先，战略和文化都是管理学中很大的概念，内容上存在一些重叠。例如，企业愿景（vision）在企业战略和企业文化课中都会被提到。战略的定义也很多，通俗地讲，是指企业对未来的长远规划，包括达到什么样的目标？以及达到这个目标的基本手段是什么？

如果简要地说它们的根本区别，如下：战略是向前看的，反映的是对未来的思考；文化是历史的沉淀，反映的是一种稳定的传统。如果一个企业的传统能够支持未来的计划，起码不冲突，是一件好事。如果企业的传统不能支持未来的计划，常常需要有文化的更新，尤其是对过时的理念、制度和做法进行更新。

其实，一个企业的战略在制定时，就会受到文化传统的影响。所谓传统，就是历史上被校验过的构想，由于结果不错，所以被群体所接受，并逐步固化下来的东西。传统本身是有合法性的。那么，如何更新传统中那些和新的经营环境不相适宜的部分呢？如果新的构想、新的实践能够通过市场的检验，获得成功，尤其是反复的成功，那么这些构想和实践就能顶住传统的质疑，直到被传统所接纳，用来替换旧的构想和实践，并变成传统的一部分。

这里面的关键，我称之为有效性校验（validity check），是指任何思想性的东西要想被群体接受，都需要被证明是有效的。对于经营企业来说，最有力的有效性证据就是在市场上获得成功。当然，很多时候有效性并不是那么立竿见影的，而且短期有效的，不见得长期有效。能够在历史发展中沉淀下来的东西，通常是经历过反复校验的，直到被合法化。一旦被合法化，就有了权威，接受这些东西的群体把它视为理所应当，不加质疑。

战略不光包括计划，行动也非常重要。心理学家卡尔·维克曾经讲过一个故事：欧洲一个军事小队被派往阿尔卑斯山执行任务，在山中迷了路，幸亏有个士兵带着一张旧地图。虽然地图上标注的语言是古文字，士兵们看不懂，但是凭借这张地图，他们从山里顺利走了出来。当被问到如何走出来的时候，他们拿出了那张地图。有一位懂上面古文字的人惊讶地说，这不是阿尔卑斯山的地图，这是比利牛斯山的地图！我第一次读到这个故事时，觉得是个荒唐的黑色幽默。但是，仔细琢磨后，觉得这个故事的启发意义很大。这些士兵之所以走出来，首先是因为两座山走势的大方向恰好是一样的。其次，士兵遇到没有路的时候，逢山开路、遇水架桥，成功地解决了问题。企业经营何尝不是如此？只要大的趋势判断正确，积极解决行动中的各种问题，总能实现发展。因此，战略是个计划、执行、调整、再执行、再调整的行动过程，包括企业愿景、使命和核心价值观在内的企业文化，就像是地图，是保证战略落地的行动指南。

战略和文化的关系，基本适用于商业模式和企业文化的关系。商业模式反映了一个公司利益相关者的交易结构，说明了公司如何创造价值、传递价值和获取经济收益。随着互联网时代的到来，很多传统的商业模式需要变革和创新，给创业公司提供了机遇。创业期的公司一般没有太多的文化积淀，传统性的东西不多，它们的文化受到商业模式是否通过有效性检验的影响。简要来说，如果创业公司的商业模式获得成功，那么和这种模式相关联的价值观、经营和管理理念就在企业扎下了根。相反，如果商业模式本身不能满足客户需求，那么无论看起来多好的文化"包装"，也无法让创业公司取得成功。

第 2 章

企业文化的结构和层次

本章介绍企业文化的层次和结构。关于企业文化的结构和层次，不同人有不同的分法。国内和国外学者的看法不同，以实践或定性研究为主的学者，和以定量研究为主的学者也看法各异。我先介绍三个典型的观点，然后展开分析。

2.1　三个观点

◉ 你认为企业文化可以划分成几个层次？

张德教授和其他一些专家在20世纪90年代提出企业文化的同心圆论，认为企业文化是分层次的，主要由三个同心圆嵌套组成（见图2-1）。最外层是企业的物质文化，例如企业的LOGO、商标、建筑物、制服、广告、传播网络等。再深一点的层次是制度和行为规范，越是有特色的制度和行为规范，就越能促进企业文化的外显和固化。最中心的圆是理念层，即企业的理念、信念和价值观，属于文化的核心层。

大部分企业文化咨询公司根据三同心圆论向企业提供文化咨询服务。给企业提供什么样的具体产出呢？一般是三个报告。第一个是VI（视觉识别体系）策划报告，即策划LOGO、标准色等。特别强调一下，做这项工作时，不能只从艺术的角度来设计，围绕企业的制度和理念进行

图 2-1　企业文化结构的三同心圆论

设计,更容易获得企业的认可。第二个是 BI(行为规范)策划报告,重点在于帮助企业建立、提炼和推广一套行之有效的制度和行为规范,尤其是能反映文化内核的制度和行为规范。第三个是 MI(理念层)策划报告,重点在于建立一套价值观体系,主要包括企业核心价值观、企业精神、企业作风、企业的经营理念和管理理念。

荷兰文化学者霍夫斯泰德认为企业文化可以分成两个层次(见图 2-2),核心是价值观,其次统称为文化实践,具体包括三个方面:符号、英雄和仪式。其中符号是指承载着某种意义而且仅能被共享这种文化的群体所了解的语言、行为姿态、图画或其他的象征物。英雄是指一些人物,包括真实或者是虚构出来的人物,他们因为具有某种值得高度赞扬的品格,而被视为行动楷模。仪式是指一些集体活动,活动本身即为主要的目的,人们在活动中找到共享的意义。

图 2-2　霍夫斯泰德的企业文化层次论

美国文化学者沙因认为企业文化分三个层次（见图2-3）。最外层是表象层，看得见的都是表象，相比刚才三同心圆论里的物质层，它的范围更大，实际上把物质层和制度层全部放进去了。第二个层次是表达的价值观，是指企业在文化手册，或者是其他媒介上公开宣称的东西，表示倡导什么，希望达到什么。但是，大家要注意，表达出来的东西，和实际运作的东西有可能不一样。沙因特别强调第三个层次，即基本假设，它是指在企业中实际运行的价值观体系，包括人与自然的关系、人性的假设、人与人的关系、现实和真理的本质、时间和空间的本质。由于这些东西有历史，已经被大家接受，所以变成了默认的共识。因为习以为常，反而一般不被大家提及。沙因用过一个比喻，说鱼只有离开了水，才知道水的重要性。在这个比喻中，水就是习以为常的基本假设。

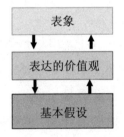

图 2-3　沙因提出的企业文化三层次

2.2　观点之间的异同

◉ **你认为这些观点之间关键的相同点和不同点在哪里呢？**

这三个观点都认为价值观是核心。价值体系反映的是人们对事物重要性和优先次序的一种判断。可能有人觉得价值观抽象，其实并不然。价值观在我们的生活中起着非常重要的作用。诗人裴多菲曾说:"生命诚可贵,爱情价更高,若为自由故,两者皆可抛。"这首广为流传的诗中,诗人的价值观表现得很明显,即爱情比生命重要,自由比爱情重要。

为什么企业要有一个共享的价值判断体系?经济学认为人是理性的,能清晰地计算收益和损失,并按照净收益最大化的方式行动。但是,在一个企业中,人与人需要合作,很多工作没有办法跟别人讲清楚,这样或那样做就能实现收益最大化。实际上,很多工作短期收益可能并不大,甚至需要付出成本。价值观能够避免或减弱那种过于按照短期收益计算的逻辑而带来的不合作和冲突。人和人能不能在一起合作,合作能不能长久,与价值观有很大的关系。通常合作时,大家相互之间首先看到的是资源、技能、能力等是否互补,但如果价值观有较大的差异,合作的质量就得不到保证,难以长久。因此,理想团队的成员应该是志同道合、能力互补的。

三个观点之间的差异也很明显。例如,霍夫斯泰德认为成文的制度不属于文化。按照他的观点,文化包括了社会互动中那些不成文的规则。制度是明确了的规则,而文化是内隐(implicit)的。如果写得清楚,就不再是文化,属于制度了。这个观点可能和企业管理者们通常使用的一些概念不相符,例如,通常大家认为"制度文化",就是指制度化了的文化。沙因认为制度和符号一样,都属于表象层。表象层的特点是,可以拿其中的东西来解释文化,但只能举例说明,而且说的是文化的表面,并不能说清楚文化的核心。

沙因强调价值观的重要性,同时,他看到了人们的言和行有差异,甚至说一套、做一套,人们对外宣称的价值观,和自己实际活动中使用的价值观,可能并不一致。所以,他把宣称的价值观和实际使用的价值观分开了。我也认为这很重要。我们容易观察到一家企业宣称的价值观,但如果想知道它实际使用的价值观是什么,就不那么容易了,需要付出努力去仔细观察、分析。沙因对企业文化理论最显著的贡献，就在于对实际使用的价值观背后的基本假设做了深入的剖析。如果我们分析企业文化，没有剖析到基本假设的层面，很难说真正理解了一家企业的文化。

2.3 制度和文化

◉ 制度算不算文化的一部分？

制度算不算文化呢？按照张德教授的观点，算。但是，应该区分一般制度和特殊制度。例如，不同的企业中有很多制度具有一般性，大同小异，这些一般性的制度无法区别不同的文化。而企业的特殊制度，可以区分不同企业的文化，并彰显企业文化的独特性。

有的企业具有特殊的制度和行为规范，即它有，别人没有。越是特殊的制度和行为规范，越具有文化意义。例如，我2006年在一家企业看到"乐捐制"，即开会迟到的人，不论理由，首先自罚一定数量的钱作为对自己的提醒，这些钱用于集体的活动。当时这项制度不多见，后来被学习扩散了，变得不那么特殊了。我所在的学院举办管理培训班，有一项制度就是迟到的学员交罚款，也叫"乐捐制"，希望迟到的人高高兴兴地捐，为班集体活动做贡献。

制度的优点是利于文化的复制和传承，所以当企业规模变大，需要把文化复制到整个企业的时候，应该依靠制度。美国沃尔玛公司在发展初期，创始人山姆希望店员能够向顾客提供优质服务，为此不断地在演讲中提到优质服务。优质服务具体怎么做呢？当时，公司实施了一项"微笑法则"的制度，主要内容是，在三米以内遇到顾客时，要微笑着与他们打招呼，同时询问能为他们做些什么。这项制度怎么保证呢？首先，领班会巡视，遇到员工不符合行为规范的情况，会当面指出，甚至提出警告；其次，公司不定期派出神秘客户，即内部员工装扮成普通客户的样子，来监督员工对顾客的服务是否符合"微笑法则"的要求。有的员工一开始并不习惯，只是被动地冲着客户微笑，可是随着客户被吸引，尤其是店里的利润增加，员工自己的收入也增加后，越来越多的员工认为，老板山姆推行的这个做法和理念行之有效。随着时间的推移，员工们把这个行为固化了，认为服务好顾客是件理所应当的事情。

一些企业宣称它们已经进入了文化管理的阶段，其实并没有。我有个经验的方法来判断企业是不是已经到了文化管理阶段，即如果管理层把某个制度放松，和那个制度相关联的行为就显著减弱甚至没有了，我认为很难说这个企业进入了文化管理阶段。某家企业整顿厂容厂纪，从细微处抓起。例如，在厂区内，如果吐一口痰，罚款50元，很快没有人吐痰了。是不是进入文化管理阶段了呢？没有，当时员工虽然行为收敛了，思想却没有转变。不少员工私下里说，如果以后不罚了，要多吐几口。虽然挣不到钱，但一口痰值50元，多吐几口消费，也很开心。如果员工是这种心理状态，这家企业肯定说不上进入了文化管理阶段。文化是要求入心的，即人们从心里认可这种文化。

文化管理的特点是用自律代替他律。江苏泰兴黑松林黏合剂厂是一家规模不大的私营企业，长期在管理中推行"心力管理"，取得了很好的成效。心力管理是文化管理，它的精髓是"用心管理、管到心里"。"用心管理"要求企业家全神贯注，投入全部的精力、心力和感情，"管到心里"要求企业家以心换心、换位思考，注重员工心智模式的培育，注重解决问题。张德教授把"心力管理"总结成三个维度，包括知心、聚心和塑心。知心主要是指沟通，目的在于让企业家和员工之间、员工和员工之间相互理解。聚心实际上讲的是有效激励。黑松林公司做到了以情动人、奖罚分明，通过满足员工的物质和精神需要，培养员工的主人翁责任感。塑心讲的是用企业的核心价值观影响和塑造员工的心灵，特别是企业的领导者如何率先垂范，抓住细节教育员工，引导员工反思自省，提升员工素质。

制度的缺点是不利于改变，发展到一定阶段，容易形式化，甚至和当初设立这项制度的初衷相矛盾。例如我提到的"乐捐制"，在培训班上实施效果起初很好，后来学员认为这是变相的罚款，就不是很配合了，效果开始变差。甚至有的学员认为，班上不就差钱吗？我有钱，出钱就完了呗，所以还是迟到。效果变差的原因，是这个制度被形式化了，后来经过改进，又有了创新。现在，如果学员迟到，不光需要"自愿"提供集体活动费用，而且要在课间休息时表演节目，节目不能自选，要求是在一个有突起的橡胶垫上，光脚背起一个同学走一圈。我觉得这样的制度创新虽然小，但很好，寓教于乐，符合当初设立"乐捐制"的初衷。

2.4 变和不变

企业文化会变化吗？

了解了文化的不同层次，就可以试着回答文化变不变的问题了。

我的基本看法是，文化是变化的，但不同层次的变化速度不同。表象层比较容易发生变化，变化的也比较快，但基本假设的层面是非常稳定的。根据我对沙因理论的理解，他认为基本假设是不变的。例如，IBM很早提出"服务顾客"的理念，为了表示自己的专业性，以及对商业客户的尊重，在着装上有要求，即要求员工穿深色的上衣、白色衬衫、深色领带。很长一段时间，这几乎成为IBM员工的固定形象。但是，在文化表象层的层面上，应该与时俱进，特别是当IBM的战略发生改变，客户群体也发生改变的时候，是不是非得坚持这样的着装，才算IBM文化风格呢？我看未必。

制度层面的文化改变比较缓慢，尤其是当制度和结构、群体利益结合在一起，固化下来的时候，就变成了某种体制，难以改变。但是，制度的改变是可能的。当强势领导出现，企业遇到困难和危机的时候，制度是会被改变的。"铁饭碗"的雇佣制度在我国曾经存在了相当一段时期，在改革的进程中被打破，到现在，这个制度基本上已经被改变了。在美国历史上，黑人和妇女的人权曾经得不到保障，经过几十年的运动和变革，目前在制度上已经基本做到了平等。当然，我们需要认识到，尽管制度上改变了，但是深层观念发生质的转变，还需要很长时间。

基本假设变不变？这是我和沙因的观点有所不同的地方。沙因的观点是，不变，而且就是企业倒闭了，文化基本假设也不变。他写过一本书，名字叫《DEC is dead, long live DEC》，翻译成中文大致是：《DEC：公司已逝，精神万岁》。他的逻辑是：DEC公司作为一个经营实体虽然没有了，但DEC的精神没有消失，在哪里呢？在离开DEC后去创业的那群人身上。按照沙因的逻辑，离开DEC后去创业的人，在新的公司里注入了DEC的精神，延续了DEC的文化生命。

我的看法是：基本假设的变化非常缓慢，但是放在历史的长河中，也会发生变化。只不过变化太缓慢，不易被我们察觉。老子在《道德经》中说过："人法地，地法天，天法道，道法自然。"如何理解这句话呢？和企业管理联系起来，我是这么看的：人法地，是指人要遵守制度；地法天，是指制度要和理念一致；天法道，是指理念要服从基本假设；道法自然，什么是自然呢？我认为是自然而然，就是指环境。人类文化作为有意义的符号体系，是人造的，最终需要服从环境的支配。对企业来说，环境主要是指市场，是指人类大大小小的社区。我们每个人活一辈子，性格变不变呢？我的看法是会变的。性格是基因和社会环境共同的产物，社会环境发生变化，一个人的性格也多多少少会发生改变，只不过性格是一个人稳定的因素，变化缓慢而已。

通过前面的介绍，大家可以看出我和沙因的哲学取向是有区别的：沙因是"以不变应万变",我倾向于"唯一不变的是变化"。但请大家注意,我和沙因的观点差异实际上并不大,我说的变化是分层次的,一般的表象变得较快,中间的制度和规范变得慢,内核的基本假设变得非常缓慢,慢到让我们几乎察觉不到。有的人认为世界有第一推动力,有终极的、不变的原因。我认为人类社会不存在第一推动力,不存在终极的、不变的原因。但是,人们会创造出一个主观上的第一推动力来提供心理安全感。现实不只是物理上的客观实在,人们形成共识的观念,虽然是主观的,但也是社会现实。基本假设作为终极的原因,对于信奉它的群体来说,就是一种社会现实。无论如何,如果我们能认识到,基本假设是个稳定的文化因素,就很有价值。

2.5　氛围和文化

◉ 企业里的部门有部门文化吗?

　　由于文化这个定义比较宽泛,所以在管理中得到普遍使用,其实有不少用法并不准确。例如,常常有人说部门文化如何。一个企业的部门有没有文化?我的看法是:也许有,但很多时候,没有真正意义上的文化。更准确地讲法,应该是部门氛围。

　　氛围(climate)是指一群人表现出来的一致的行为风格。它和文化有什么区别呢?最大的区别是和文化相比,氛围沉淀的程度还不够。我1.4节介绍沙因给出的文化定义的时候,说到三个要点:历史沉淀、集体学习的经验、反复通过有效性检验。表面上看,文化也是通过一致的行为风格表现出来的,但和氛围最大的不同,就是这种行为风格的稳定性。由于部门的职责和人员变动,例如部门领导的变化,老人的退出,新人的加入,人员构成更容易发生变化等因素,部门一致的行为风格,尤其是比较特殊的行为风格，很难做到长期稳定，不容易变成一种历史沉淀。当然，我不排除有个别部门非常稳定，一个有权威、有个性的部门领导长期带领一支稳定的员工队伍。在这种情况下，部门形成的一致的行为风格大概称得上部门文化了，属于企业的亚文化。

部门氛围和企业文化相比，容易改变。首先，部门氛围不能和企业文化对立，否则很难被上级认可，难以被其他部门接受，也就难以通过有效性检验，形成不了共享的集体学习经验。其次，部门氛围改变的关键在于部门的领导。如果这个部门的领导有权威，下属信服，而且部门的业绩得到了认可，那么该领导的想法、做法，就更能被接受，形成共享的集体学习经验，从而形成新的部门氛围。我们常常在工作中能观察到，为了建立权威，部门的新任领导会带来或培养自己的嫡系，拉拢中间力量，想办法疏离不接受权威的下属，甚至让他们离开。

有学生向我反馈了他的一项观察，我思考后认为有道理。他认为，职能类似的部门之间通常只是氛围不同，他所在的公司所有支持部门（例如，财务、内审、采购、IT）之间，文化接近，氛围不同。但是，职能差异很大的部门之间，会有文化的不同。例如，一线销售部门和研发部门相比，前者讲究人际关系，客户和速度至上；后者讲究规范，按部就班。究其原因，我认为是由于职能差异很大的部门，对应着明显不同的职业文化。

2.6　继承中国传统文化精髓

◎ 你认为中国传统文化有哪些精髓可以用于企业管理中？

我的同行李海教授曾经对中国传统文化在企业文化建设中的传承与

创新做过深入的研究。他认为中国企业的文化建设，源头是中国的传统文化，并认为自强不息的人性观、天人合一的自然观、见利思义的义利观、克己乐群的群己观反映了中国文化的传统。在他的著作《中国企业文化建设：传承与创新》的前言中，引用了国学大师庞朴先生一段掷地有声的名言："文化传统是一种惰性力量。它范围着人们的思维方法，支配着人们的行为习俗，控制着人们的情感抒发，左右着人们的审美趣味，规定着人们的价值取向，悬置着人们的终极关怀（灵魂归宿）。个人的意志自由，在这里没有多少绝对意义，正像肉体超不出皮肤一样，个人意志超不出文化传统。但也正因如此，文化传统便成了一种无声的指令，凝聚的力量，集团的象征。没有文化传统，我们很难想象一个民族能够如何得以存在，一个社会能够如何不涣散，一个国家能够如何不崩解。"

2010年我和导师张德教授在出差旅途中谈起传统文化的话题，他在我的笔记本上画了两个类似的图形，一个是仁、义、礼，中间是儒家之道；一个是势、法、术，中间是法家之道。我后来对这两个图形进行了整合，演变成图2-4。

图2-4由多个嵌套的三角形组成。图中最核心的是良知，然后是代表儒家思想的关键字仁、义、礼，最外面是代表法家思想的关键字势、法、术。良知是心学创始人王阳明的关键思想，融合了儒、释、道思想的精华。仁、义、礼分别是儒家不同时期的大师的代表思想，其中孔子的代表思想是仁，孟子的代表思想是义，荀子的代表思想是礼。法家的代表人物有不少，读者们可能最容易想起的是韩非子。他是谁的学生呢？荀子的学生。在中国文化思想史的发展脉络中，法家是从儒家衍生出来的，当然也从其他思想，尤其是道家思想中汲取了营养。

为什么我把王阳明的良知放在核心？因为良知是人放下私欲后的至善至诚境界，如果没有良知，仁、义、礼有可能变成一种表演，所谓假仁假义，或者虽然符合礼，但缺乏诚意。简单来说，没有良知的仁、义、礼是伪善。有良知作为核心，仁、义、礼就有了真实性。

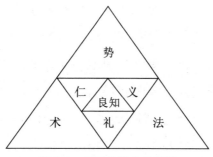

图 2-4　中国传统文化精髓

图 2-4 希望表达如下的观点：势、法、术这些法家的精华，需要在儒家仁、义、礼的基础上才能最好地发挥作用，即以儒家思想为内核，以法家的手段和方法作为保障。以史为鉴，秦始皇依赖法家，统一了六国，功勋卓著。但是，因为没有儒家的思想作为统治基础，大秦帝国只存在了 14 年就遭覆灭。

仁是什么意思？孔子说"仁者爱人"，由此可见，仁是爱的意思。义是什么意思？我认为，孟子强调的义，是从仁演化出来的。作为人来说，爱自己的亲人容易，但若推而广之，像墨子说的兼爱，即无差别地爱他人，就变得很难。义的原意，应该是指虽然不是血亲，但关系和血亲一样的含义。例如，《三国演义》的故事中，刘备、关羽和张飞决定一起办大事，但他们不是血亲，怎么保证彼此之间的信任感？桃园三结义。但是，人们也不可能和所有的其他人结义，怎么办？通过礼。用文化管理的语言来说，礼就是行为规范。

势是什么意思？在我看来，势代表的是同盟。一个人也好，一个组织也好，如果同盟很多很强，不愁不成事。怎么才能建立起同盟呢？仁义之人，往往得道者多助。因此，有仁有义的人，一般也会有更多的势。所以在图 2-4 中，仁、义和势更接近。而且，如果势很强，法和术运用起来就会轻松，否则就会付出更多的成本。法家的法代表的是制度，和儒家思想里的义、礼离得更近。为什么？因为义有公正的含义，礼代表的是规矩，含义上和法接近。法家的术是什么意思？我认为是指把事情办成的手段。很多时候，光有制度不够，还需要手段。仁、礼和术更接近，为什么？因为和义相比，仁更柔一些，柔性的规矩，含义上和术更接近。我认为儒家正统的术，是阳谋术，而不是阴谋术。因为儒家的术，是以仁作为核心的。用现代人力资源管理的语言来说，管理者在给下属安排工作的时候，虽然对下属的要求很高、很严，但同时也考虑到布置的工作有利于下属的发展，就是阳谋术。相反，如果只是把下属作为手段和工具来利用，采用又打又拉的手段，那就是阴谋术了。有学生和我交流的时候提出，仁、义、礼属于领导力的修炼，而势、法、术属于管理学的范畴，这种观点有一定的道理。

西方传来的很多管理手段和方法，是在法和术的层面，如果不能消化吸收，用良知统领下的仁、义、礼来驱动，很多舶来的管理手段和方法效果会大打折扣，甚至适得其反。相反，如果能把传统文化的力量发挥出来，能取得很好的效果。以江苏黑松林黏合剂厂为例，它是一家小而美的企业，很好地把文化和制度建设结合起来。企业的创始人刘鹏凯把自己的管理模式总结为"心力管理"。核心思想是：管人要管到人的心里，只有把人心理顺了，才能让人从心底里发出力来，所谓"心之所及，力之所达"。这家企业强调细节和安全，重视制度和行为规范，但始终不忘创造一个向善的文化环境。以爱为核，以情促法，出现了许多鲜活生动的案例。去过这家企业的人，都对它的"心力管理"效果赞不绝口。在刘鹏凯的领导艺术中，情与法不是完全对立的两件事。法是基础，但更重要的是引导员工做到自觉守法，这就需要处理好情感和制度之间的关系。处理得好，不但管理的效果得到保证，而且管理成本不断减少。正所谓：以法治法不得法，以情促法效果佳。

2015年我的导师张德教授在校友会上做主题发言时，把中国传统文化精髓总结为三个特点：群体本位、追求和谐、以道为本，我结合自己的理解来解读一下。群体本位是和个体本位相对而言的，强调群体内人和人之间的相互依赖性。西方的人本主义强调以个体为本，中国的以人为本，不是讲的以个体为本，而是以群体为本，群体是高于个体的。例如，西方人的家庭中，子女与父母是以平等的个体身份交往的；而在中国家庭中，尊老爱幼，不分彼此，是一个统一的经济单元和社会单元。责任先于自由、义务先于权利、群体先于个体，这是中国人传统价值观的特色。群体本位要求作为社会的一个细胞和单位个体的"人"，必须遵守群体规范，自觉考虑群体的反应。也因为以群体为本位，所以中国人重视人际之间的伦理关系和维护这种伦理关系的道德规范。中华民族的许多优良传统和文化精髓，如爱国主义的传统，集体主义的传统，注重人际关系和谐的传统，浓厚的亲情意识，家国一体的情怀等，都与"群体本位"息息相关。

追求和谐是和追求效率相对而言的。和谐是指通过协调和包容，实现融合、合作和共赢。如何达到和谐呢？需要中庸哲学。在处理问题和矛盾的时候，要"执两用中"，调和两个极端，把握适当的度。无论在国家层面，还是在企业层面，管理者都应该在效率与公平、宽与严、短期与长远、精英与群众、物质与精神、经济效益与社会责任、质量与成本、继承与创新等诸多矛盾之间，统筹兼顾，不走极端，找到恰当的平衡点。中庸至今仍是中国组织管理在方法论上的一大特点，而和谐仍是中国组织管理追求的目标。中庸哲学对人的要求其实很高，因为它追求在处理问题和矛盾的时候，找到两全其美的方案，而不是非此即彼的方案。因此，《中庸》里面说："极高明而道中庸。"对于这句话，我的理解是两全其美的方案是最高明的。其实，这种思想并不只是中国人能接受，荷兰学者冯斯·强皮纳斯在他的著作《全球并购中的探戈：如何协调文化差异》中，举了大量的例子说明，两种文化相异的公司在合并后，如何面对矛盾，创造性地找出双方都能接受的方案。

有些人对中庸有误解，认为中庸是指水平一般，其实这种理解是错误的。我估计这种错误的理解来自于对"庸"字的误读。根据《说文解字》中的解释，庸由用、庚二字会意。用，指行；庚，指变更。庸，指行事善于变化。中庸是指根据客观的变化找到两全其美的解决方案，所以是个褒义词。平庸倒是个贬义词，指普通、寻常而不突出，碌碌无为。为什么不好呢？关键在于"平"字，平庸实际上是说不能根据客观变化做出调整，因此办不好事情。我认为，在企业文化中应该发扬中庸思想，强调打破思维惯性，突破旧的框架，创造性地找到两全其美的解决方案。

以道为本是和以术为本相对而言的。所谓"道"，道家主张"道法自然"，"道"指客观规律；而儒家主张"道不同，不相为谋"，"道"指信念和价值观。我主张企业要有积极向上的信念和价值观。怎么判断是不是积极向上呢？有没有继承和发扬儒家"仁政""德治"的传统就是一个重要的判断。方太公司在企业文化建设中，明确地提出"方太儒道""以文化人"，同时配合必要的制度和法规，运用恰当的手段和方法，并注意审时度势、乘势而为。其实，"以道为本"是中国很多优秀企业一个共同的特征，即特别重视思想和道德教化和升华，并通过组织（例如党组织、企业文化部等）和制度落到实处。

我这些年来在学术研究中也有所感悟。在美国组织心理学领域，占据主导地位的是经验（empirical）研究，这种研究范式用实验和调查等量化的手段，试图发现组织中人们心理活动和行为的"客观""自然"规律。但是，由于人的心理活动和行为受到研究情景、研究者和被研究者主观信念和价值观的影响，所以发现的结果常常有很大的局限性，难以在实际的组织场景中推广。最近美国一些公司用历史大数据加人工智能的方法，试图找到人力资源管理中招聘和晋升的客观规律，结果发现机器优先推荐的是白人男性，这些公司的CEO们认为结果是不可取的。之所以不可取，是因为过去的制度和实践并没有给有色人种和女性提供公平的机会。因此，如果按照人工智能推荐的结果，有色人种和女性将来更没有出头的机会。总之，我并不否认实证研究的价值，而是主张在社会科学中，应该认识到更多研究范式的价值。例如，尽管批判性和规范性的研究看起来没有数据和模型的支持，但是高质量的批判性研究能让我们对不应该干什么有深入的反思，高质量的规范性研究能让我们对应该干什么有深入的启发，它们同样是非常有意义的。

第 3 章

企业文化的表现形式

德国社会学家格奥尔格·齐美尔（Georg Simmel）是现代社会学的奠基人之一，他的学说涉猎面广、见解深刻。他提出，社会学本质上是对形式的研究。形式对应着生活实践，生活实践蕴含着文化的内容，需要表达出来。怎么表达呢？需要靠各种各样的形式。形式一开始依赖于内容，但形式一旦建立起来，被人们接受，就有了自己的运行规律，甚至反过来制约内容。齐美尔认为，社会学作为一门独立的学科，研究的是稳定的、固化的形式。

之所以先介绍齐美尔的观点，是想说明，和企业文化的内容比起来，尽管企业文化的形式不是本质，但也很重要，尤其是对企业文化的实践很重要。没有企业文化的形式，企业文化的内容也难以表现出来。对于企业管理者来说，如果不空谈企业文化，就需要把企业文化的形式具体表现出来。

企业文化的形式包括哪些内容？包括表象层和企业宣称的价值观。按照沙因的观点，企业文化的表象层包括企业文化中容易被观察到的部分，但他把文化最外层的表象（例如，标识、服装、行话等）和制度放在一起。我认为，应该说得仔细一些，分别来谈。另外，由于企业宣称的价值观（例如，在企业文化手册中关于理念和价值观的表述）也容易被观察到，是外显的，所以也属于企业文化的形式。

3.1 表象层的一般特点

◉ **你听过哪些令人印象深刻的企业文化故事？**

表象层是指制度和行为规范之外的那些反映企业文化的各种形式。美国学者哈里森·特莱斯（Harrison M. Trice）和贾尼斯·拜尔（Janice M. Beyer）在《工作组织中的文化》一书中，曾经对企业文化的形式做过比较齐全的总结，整整用了一个章节约40多页来介绍。他们认为，组织文化的形式包括象征（symbols）、语言、叙事（narratives）和实践（practices）。其中象征可以分成物件（objects）、环境（settings）和代表人物。什么是物件呢？定义比较抽象，用具体的例子好解释一些。例如，徽标、旗帜、印章和证书等。环境包括物理环境、装饰、办公室的布局、制服等。语言包括标语、口号、手势、歌曲和笑话等。而叙事包括故事和传奇（legend）等。实践包括仪式、禁忌和典礼等。我的同事曲庆教授在他的著作《企业文化落地理论与实践》中的第11、12、13章，也对企业文化的表象层做了详尽的总结。

清华大学张德教授在《企业文化建设》一书中，对如何开展企业的VI策划有非常详细的介绍和宝贵的经验总结。VI策划的内容基本上对应着企业文化的形式。我本人有幸跟随张德教授做过几个企业文化的咨询项目，获得了一些经验。在VI方面，比较重要的是企业标识（logo）、标准色、标准字体等。另外，企业提炼出企业文化的语言表达后，企业文化手册的呈现形式，也属于VI策划的核心内容。

介绍几个让我印象深刻的表象层例子。第一个是关于建筑物特点的。美国篮子制造商龙格堡加（Longaberger）公司在俄亥俄州纽沃克市的总部大楼看上去就像是一个篮子（见图3-1）。该公司主要销售以枫叶树为材料，手工制的篮子。大楼是按照创始人戴夫的想法，仿照公司销量最好的一款篮子建造的，成为"所建即所卖"建筑的典型。

图3-1　美国龙格堡加公司总部大楼外观

　　第二个是关于企业文化的故事。有些在公司内部广为流传的故事可能并不一定真的发生。但是，因为故事和企业所希望拥有的价值观相符，所以出现一个有趣的现象：内容相近的故事在不同的公司都被使用，只是细节上有所修改。例如，一个广为流传的故事是这样的：某公司的门卫坚决维护人人进大楼都必须看证件的规定，坚持不让公司某个忘带证件的大人物进楼，在大家都以为该门卫要受到惩罚时，该大人物却表扬了这种严格贯彻制度的行为。我已经见过好几个类似的版本，发生在不同公司，虽然细节上可能有所不同，但核心内容一样。

　　第三个是反映企业文化内容的语言。在一些希望淡化上下级权力距离的公司，下级遇到上级，不称呼××总，有的称呼英文名，有的称呼名字。在一些私营企业，下级用×哥、×姐来称呼年龄比自己大的上级。在我参加的一个HR微信群中，大家曾经讨论过用×哥、×姐称呼的利与弊。总体来说，大家认为好处在于拉近人际关系距离，弊端在于不够正式化。还有一些互联网公司，员工有所谓的花名。例如，阿里现任CEO张勇在公司里的花名叫逍遥子。我的一位朋友是一家公司的CTO，他在公司办公系统中的花名叫巴布工程师，也鼓励下级用巴布来称呼他。我还认识一位人力资源经理,她的花名叫大环。平时工作中,不论上下级,都叫她大环。另外,马士基航运公司在电报鼎盛时期,曾经有过非常发达的电报系统。一直到今天,该公司的员工仍然用"发电报"三个字来表示发电子邮件,并且习惯性地使用一些在电报时代形成的缩写,例如英文的 confirm 用 CRM 来表示。

第四个是象征的例子。在一家强调上下级权力距离的公司,不同级别的人在开会时,使用的激光笔的光斑大小不同。一般员工使用的激光笔光斑最小,领导光斑最大。每当最大的那个光斑出现,现场一片静默,这时大家都知道,领导要发指示了。另外,我在青岛特锐德公司也见到过一个很形象的例子。特锐德公司的核心价值观之一是利他,如何让广大员工理解和接受利他的理念呢?在特锐德公司一楼的文化大厅内,有一个"撬动地球"的模型(见图3-2)。这个模型中杠杆的支点可以通过一个电钮来移动,每个人在尝试用杠杆撬起地球的过程中会发现,当支点离自己远,离地球近的时候,不费什么力气就能轻松撬起地球。但是,如果你把支点离自己近,离地球远的时候,费尽力气也很难撬动地球。这个模型形象地说明了一个深刻的道理:利他是人生成功的支点。

图 3-2　青岛特锐德公司文化大厅里的撬动地球模型

3.2 特色制度和行为规范

◉ 你听说过或经历过什么令人印象深刻的企业制度？

特色制度和行为规范是企业文化形式中重要的部分，能够直接塑造员工的行为。制度是指导和约束人们行为的正式准则，由一系列相互关联的书面规则组成。规则是制度的构成单元，是指组织认可的行动指导。它规定了在何种情形下，人们需要做出何种行动，或者哪些行动是应该避免的。因为有了制度，不同的人在预期他人的行为表现时，会有基本相同的判断。

特色制度是相对通用制度来说的。通用制度是指不同组织在类似的发展阶段都会有的制度，这些制度反映了组织之间的类似性。例如，不同的银行都有针对风险控制的通用管理制度。特色制度是指那些反映组织本身文化特点的制度，往往能表现出组织之间的差异性。例如，国有企业有增进干部和群众关系的"五必访"制度，即当员工遇到重要的人生大事时，干部会到他们的家中探访和慰问。不过，随着互联网时代的到来，有特色的制度在企业之间传播的速度加快。企业通过相互学习，常常实施虽然看起来形式有所不同，但实质非常相近的制度。因此，特色是相对来说的，那些"他家都没有，唯我独一家"的特色制度越来越少。

制度和行为规范有区别，制度比行为规范的约束力更强。制度一般是硬约束，违反制度的行为会受到惩戒，特别好的行为会受到奖励。行为规范一般是软约束，违反了行为规范，会受到批评，或者来自群体的排斥。如果提高违反行为规范所受到的惩罚的等级，行为规范也可以从软的约束变成硬的约束。相反，如果虽然有制度，但并不认真执行，制度也就变成了行为规范，甚至效力更低。

行为规范和特色制度应该配合使用。制度的优点在于清晰、约束力强，但缺点在于不够灵活。而行为规范呢，虽然约束力没有制度那么强，但好处在于有一定的灵活性，涉及的面也更广。《哈佛商业评论》杂志有文章认为，企业的经营环境进入了一个"乌卡"（VUCA）时代。在这样的一个时代，制度容易表现出缺乏灵活性的缺点，行为规范的好处更明显。

阿里巴巴公司曾把宣称的核心价值观总结为"六脉神剑"，包括客户第一、团队合作、拥抱变化、诚信、激情和敬业（见图3-3）。阿里巴巴对这六个方面做了要点的解释，其实就是行为规范，即把价值观落到行为上的要求。例如，在客户第一的价值观下，包括了"微笑面对投诉和受到的委屈，积极主动地在工作中为客户解决问题。""与客户交流过程中，即使不是自己的责任，也不推诿。"在团队合作的价值观下，包括了"决策前，积极发表建设性意见，充分参与团队讨论；决策后，无论个人是否有异议，必须从言行上完全予以支持。""善于和不同类型的同事合作，不将个人喜好带入工作，充分体现'对事不对人'的原则。"在诚信的价值观下，包括了"通过正确的渠道和流程，准确表达自己的观点。""表达批评意见的同时能提出相应建议。""不传播未经证实的消息，不背后不负责任地议论事和人，并能正面引导。"这些行为规范，不仅是日常工作行为的指导性要求，也可以和绩效评价联系起来，增强效力。

图 3-3　阿里巴巴公司的核心价值观

3.3 企业文化策划

◉ 企业文化能不能被策划出来？

企业文化能不能被策划出来？我的看法是：由于企业文化是历史集体经验的沉淀，所以实际运行的价值观（即基本假设）是没有办法策划出来的，它是实践的结果。但是，可以策划宣称的价值观。宣称的价值观有可能变成实际运行的价值观，但是也有可能变不成。什么情况下宣称的价值观会变成实际运行的价值观呢？这取决于宣称的价值观是否能通过有效性检验，从而随着时间的推移，逐渐沉淀下来。

我提醒大家避免两种错误的观点。第一种是策划万能论。这种观点把企业文化看作是橡皮泥，认为想捏成什么，就能捏成什么。这个观点的问题在于把宣称的价值观等同于基本假设。其实，尽管宣称的价值观可以策划，但是基本假设是一个企业最稳定的部分，非常难以改变。第二种是策划无用论。这种观点认为企业文化是策划不出来的，因此文化策划没有价值。这个观点的问题在于忽视了宣称的价值观的引领作用。

张德教授认为，企业文化和企业文化建设不能混为一谈。企业文化是实践中形成的，长期沉淀下来的。但是，企业的领导者不能坐等企业文化自然沉淀，而应该能动地进行企业文化建设，这就要进行企业文化的诊断、策划与实施。企业文化策划是在企业文化现状诊断的基础上进行的，不是任意为之。策划出来的企业文化是目标文化，经过实践，会改善已有的企业文化，甚至实现文化上的变革和创新。

企业在发展过程中，一方面，从历史经验中会积累起基本假设。如果把这些基本假设总结提炼出来，宣称的部分和实际运行的部分是不脱节的。另一方面，企业也需要建立一些宣称的价值观，这些价值观往往是企业目前所缺乏的，但又是对企业面向未来的发展有作用的。这些宣称的价值观，往往反映了高层管理者的价值观取向，实际上起到了引领的作用。因此，好的企业文化策划一方面要能准确地总结和提炼实际运行的价值观中，那些需要继续发扬光大的部分；另一方面要有目的地在宣称的价值观中加入新的内容，即倡导一些新的价值观。再次强调一下，这些新的内容能不能成为实际运行的价值观，需要时间的检验。

企业的文化手册内容可以分成两个部分，一些文化表述是历史的沉淀，而另一些是倡导的价值观。什么时候一个企业算是文化积淀比较深厚呢？这和文化手册的内容是否经常改变有关系。例如，一家国内主板上市的企业有两个版本的文化手册，一个是我2004年见到的；一个是我2012年见到的。这两个版本的手册，核心的内容几乎不变，区别在于2012年的版本形式上更精美，同时去掉了一些华而不实的内容。这家企业的文化是有连贯性的，这八九年下来，文化就有了较稳定的积淀。我也见过变化较频繁的文化手册，例如，某家大型国有企业，每一任新的领导上台，就在肯定过去成绩的基础上，强调一套新的经营和管理理念。类似这样的企业，倡导的价值观其实很难变成稳定的、实际运行的价值观。

倡导的价值观如何变成实际运行的价值观？这其实就是企业文化落地的内容。在历史上已经沉淀下来的价值观，就是实际运行的价值观，本来就已经在人们的心里扎了根，所以不存在企业文化落地的问题。对于倡导的价值观如何落地或推广，我在后面的3.5节（企业文化推广）简要说明。

3.4　企业文化建设：谁来负责？

◉ 企业里的哪个部门具体负责企业文化建设？

建设企业文化这项工作，由谁来负责呢？首先，一个企业的最高领导就是企业的首席文化长（chief culture official，CCO）。关于最高领导应该扮演的角色，海尔的首席执行官张瑞敏说，他在海尔扮演"两师"的角色，一个是战略规划师，负责思考和确定海尔未来的战略走向；另一个是牧师，就是海尔文化的CCO，海尔文化的布道者。

国有企业搞企业文化建设的具体部门往往是党委宣传部。宣传部门负责职工队伍的政治思想建设工作，通常讲政治的内容多一些，讲党的领导多一些。企业文化建设是市场经济环境下国有企业政治思想工作的重点内容，是以企业文化建设为抓手来抓政治思想工作。党的思想和政治路线依然是国有企业文化建设的根本指导，同时文化建设也要突出现代企业经营和管理的特点。为了做好这一工作，国有企业的宣传部门应该吸收和培养懂得遵照管理学知识来建设企业文化的人才。

私营企业搞企业文化建设，具体部门往往是综合办公室或人力资源部，也有放在战略规划部的，甚至为了突出文化的重要性，专门成立企业文化发展部。例如，某家私营企业老板很重视企业文化，成立了专门的企业文化发展部，职责分工包括企业文化建设、品牌建设和公关，以及企业自己的大学。这些不同的部门职责划分方式，到底哪个好？也就是文化建设职责放在人力资源部，还是战略规划部，还是单独设文化发展部？这没有绝对的对和错。能不能把企业文化建设落到实处，第一，需要"一把手"的强力支持；第二，具体负责部门的领导在企业中的权威和专业能力也要足够高。

阿里巴巴公司实行一套名为"政委"的管理体系。所谓政委，是阿里的人力资源部门派驻到各个业务部门的商业伙伴（business partner），也称为人力资源通才（human resource generalist，HRG）。阿里公司非常重视企业的核心价值观，政委除了承担HRG的功能之外，还起到建设和维护价值观的主要作用。他们的这项工作被形象地称为"闻味道"，就是要看员工和团队是不是符合阿里的主流价值观。阿里公司的政委在公司有足够的权威，能够直接影响重要的人事决策，例如进人和裁人，以及参与评价在考核得分中占比 50% 的价值观表现。最近几年具体比例可能有所变化,但阿里公司一直重视价值观的建设和维护。2016 年中秋期间,阿里公司开除了五位编写程序在内部抢月饼的技术人员,引发了网络上的热议,简称"月饼事件"。社会公众通过这个事件,发现阿里的政委的确不是花瓶,正是政委系统在 24 小时内做出了开除决定,并得到公司高管的力挺。当然,围绕这个事件,还可以展开很多关于企业文化的讨论。

通过比较中国和美国的企业文化工作如何开展,可以看到很多差异性。在中国,比较重视由上至下(top-down)的宣贯。这种方式有利有弊,好处在于能够大规模地铺开,控制的力度也比较强,不至于各种思想满天飞,导致员工队伍不能形成较为一致的思想。缺点是当宣称的思想和实际运行的思想产生不一致的时候,尤其是多方面不一致,以及长时间不一致时,被宣贯的人们会产生强烈的排斥心理,反倒对宣贯的思想持怀疑、否定或嘲讽的态度。我认为,最难以管理的员工,是对任何信仰和价值观都怀疑的群体。对这些愤世嫉俗的怀疑论者来说,无论企业宣传什么样的理念,推行什么样的政策,他们都会认为是某种阴谋,是某种诱骗他们卖力工作的手段。

3.5 企业文化推广

◉ 你见到过哪些有效的推广企业文化的方法?

企业文化如何推广?这是企业文化管理实践者很关心的一个问题。推广是一个系统的工程,同时需要考虑到一些关键的背景因素。例如,在企业不同的发展阶段,即成长期、中期和成熟期,企业文化推广需要重点解决的问题存在明显的不同。所以，对于这个问题，没有一个简单的答案。

  推广企业文化，首先需要形式化的东西。形式化是重要的起点，但不是终点，终点是入心。在企业内外传播文化，需要具体的载体，载体就是企业文化的各种形式。有人说，是不是企业有一本成型的文化手册，才算有了文化？首先，载体的形式很多，文化手册是重要的文化载体之一，但并不是全部。企业在发展初期，首先需要解决的是生存问题，一些文化形式是在解决问题的过程中自然形成的。例如，有特色的语言。企业发展到一定规模，需要对形式做梳理，这时才有必要整理出一本成型的文化手册，或者把和文化有关的形式提炼出来，放在员工手册中。但是，有了文化手册不一定意味有了文化。更准确地说，有了文化手册，就有了宣称的价值观体系。但是，到底是不是实际运行的价值观？我只能说，不一定。

  近年来，文化推广的创新实践层出不穷。例如，用友网络公司开发了一款创新产品——玩事（见图3-4），通过手机App来实现，目前已经整合到用友网络公司的云办公空间系统中，通过微信的小程序（名字就叫玩事）也能使用。玩事的意思是在一种轻松的氛围中完成工作。这是一款从价值观入手管理员工的手机软件，产品的基本规则是：工作中每个人可以在自己的权限内，根据和同事合作后的感受，给他们发象征奖励的金豆，以及各种代表价值观（例如，使命必达、勇于担当、拼命三郎等）的荣耀勋章。每个人得到的勋章在组织内部是公开的，所有的人都可以看到，哪些人在哪些价值观方面表现优秀。价值观本来是很难量化衡量的，但通过这款产品，一段时期（例如一年）后，当积累了一定量的数据，每个人在价值观上的表现，可以清楚地量化出来。这样，对价值观的评价和奖励，就有了量化的基础。

  我把玩事的主要特色总结成如下三个方面：第一，有区分度的文化赋能。在玩事的理念中，勋章相当于文化信用分，文化信用分越高，员工越能获得工作中的自主权，但和工资、奖金、晋升没有直接的关系。

图 3-4 "玩事"应用程序的界面示例

玩事引入了文化衔,员工拥有一定数量勋章时,可以申请评文化衔,例如,用友曾经设过九级文化衔:文化下士、中士、上士、少尉、中尉、上尉、少将、中将、上将。玩事不是对所有员工开放自主权,而是采取一种选择性的赋能机制,员工越追求上进,文化衔越高,工作自主权就越大。当员工文化衔达到一定级别时,才能拥有一定的工作时间自由支配权。用友把用15%~20%的工作时间来自主完成工作叫作"闭关修炼",一旦员工在系统中挂出"闭关修炼"的牌子,除非特殊情况,上级和同事都不会打搅他们。

第二,及时的认可和反馈。只要是上级或同事,看到有员工做了符合公司价值观的事情时,就可以通过勋章和金豆来表示认可和反馈。只要平时有合作,认可和反馈就会不断发生,并能实时记录下来。在玩事系统中,能透明、实时地看到每名员工得了哪些方面的勋章以及多少勋章。这些记录可以在评选文化标兵的时候,作为重要的参考信息。

第三,基于大数据的应用。当玩事系统积累了足够数据时,可以展示出每位员工的不同特点,因为每个人都可能在不同类型的勋章上积累不同的等级和分数,这样他们的价值观多维度记录图就有了不同的形状。

企业可以根据这些信息，进行更有针对性的人力资源管理，员工获得的金豆可以和公司提供的很多权益或福利项目联系在一起。例如，可以花费一定数量的金豆从公司大厅的咖啡机上购买一杯咖啡，或是在按摩椅上通过消费金豆来休息。当员工加班时，上级可以用金豆兑换专车送员工回家。如果一名员工连续几天加班，上级给他发了几次"拼命三郎"勋章后，公司人力资源部能及时在系统中注意到，并有针对性地给员工调休甚至放假。当一个员工得到了很多荣耀勋章和金豆，得到了上级和其他员工在系统中对他们的大量行为反馈的时候，公司可以通过分析这些丰富的数据，对员工在哪些方面能力强、哪些价值观方面做得好做出评定。

3.6 品牌文化推广

◉ 你最喜欢的产品品牌是什么？为什么？

《企业文化生存指南》是美国企业文化学者埃德加·沙因的一本力作，这本书的译者郝继涛博士在译后记中敏锐地提出，沙因的企业文化理论忽略了企业文化的社会层面。他主张文化分析的起点一开始就应该放在企业文化的社会层面上，即从企业外部利益相关者的角度了解企业的文化，尤其是关注客户怎么看待企业的文化。在现代商业经济的实践中，通常对一个企业的了解是从品牌、形象、口碑等外部因素出发，而不是内部的因素。

在企业文化的社会层面中，品牌文化非常重要。所谓品牌文化，是指消费者通过反复使用一个品牌的产品或服务，对这个品牌所代表的价值观念形成的集体共识。霍尔特和卡梅隆在《文化战略：以创新的意识形态构建独特的文化》一书中指出，品牌推广者通常试图找到客户关注的功能利益点和情感利益点,通过营销策略和手段,建立品牌和这些利益点之间的关系。例如,促使人们见到某个品牌,就联想到"健康""快乐""酷"等这样的利益点。霍尔特和卡梅隆认为,仅仅关注这些还不够,重要的是找准这个品牌代表的价值观念,讲好品牌的文化故事。一旦消费者建立起对某个品牌的文化认同,人们在主观上对该品牌的产品或服务体验会更好。

美国耐克公司推出最重要的技术创新产品气垫鞋后,起初使用了体育明星代言的方式,但效果并不理想,没有对公司收入产生巨大影响。在推出气垫鞋十年后,耐克公司改变了营销策略,不再强调气垫鞋在技术上有多么先进,也不再强调有多么专业,而是把耐克鞋塑造成代表一种个人拼搏精神。这种精神通过文化故事来表达:它的口号是"Just Do It"(想做就做)。广告里的角色面对的是某种严苛的挑战,例如条件艰苦的场地、作为弱势群体受到社会歧视,他们凭借个人拼搏精神克服了这些障碍,最终赢得胜利。耐克广告传递的文化故事获得了大众市场消费者的共鸣,因为随着社会竞争的加剧,在弱肉强食的职业环境中,消费者感到特别需要在逆境中保持一种坚持不懈的拼搏精神。耐克成功地满足了消费者对这种个人拼搏精神的渴求。虽然在客观性能上与其竞争对手的鞋相比差别微乎其微,但是消费者感知到耐克鞋有明显的性能优越性。

褚时健先生建立的褚橙品牌走红的过程,反映了品牌文化推广的重要性。褚时健先生从2002年开始,花了近10年的时间,用科学求精、踏实认真的工业化管理思想和模式,做出了不但口感出众,而且质量稳定的冰糖橙。然而,即使褚橙的品质已经很好,销量一开始仍然提升缓慢。褚橙品牌得到大发展的转机,出现在褚橙2012年和"本来生活"生鲜电商的合作,成为社会化营销成功的范例。这家电商公司推出的营销文案非常精彩,准确地把褚时健先生代表的励志精神借助褚橙表达了出来:"65年跌宕人生,75岁重新出发,85岁硕果累累,褚橙——褚时健种的冰糖橙……人生总有起落,精神终可传承。"市场经济给中国社会带来了巨大的变化,巨变让人们感到压力和挑战,"人生总有起落,精神终可传承"触动的是人们心底那根敏锐的神经。尤其是一些事业有成的企业家感同身受,在微博上发文为褚时健先生捧场,一些媒体和网络大V也顺势加入,用自己的励志故事向褚时健先生致敬,烧开了褚橙品牌这壶水。

品牌文化起作用有三个重要的基础。第一,社会经济发展到一定阶段,人们富裕起来,选择自由度增加,对差异化的产品产生需求,愿意为品牌文化的溢价买单。第二,产品或服务的质量和性能有保证。夸大宣传有可能带来短时间的销量增加,但当消费者发现名不副实,就不能通过他们的有效性检验,形成不了品牌文化。第三,讲述的文化故事能够抓住人心,引发消费者的共鸣。社会发展中的种种挑战和变化,给人们带来了焦虑和不安。好的文化故事应该能顺应时代,准确地把握某种历久弥新的价值观念,缓解人们的焦虑和不安。

第 **4** 章

亚文化和意识形态

企业文化这个概念刚出来的时候，大家普遍持有一元论的观点，即认为一家企业只存在一种文化。但是，随着研究的深入，大家开始有了新的看法，认为一家企业中存在的文化可能不止一种。持有文化多元论的人大多是一些企业文化的研究者，认为企业文化是多元的，一家企业中可能存在多种文化。这些研究者甚至认为，一元的文化过于理想，其实不存在。而对于企业领导者和企业文化的实践工作者来说，更希望建立一元的文化体系，所以对亚文化持有谨慎的态度，甚至反对和打压亚文化。

　　亚文化是什么呢？根据沙因的定义，企业文化是由某个特定群体在学习解决外部适应和内部整合问题的过程中，总结发现和创造出来的一种集体经验。如果说企业文化的定义中，群体是指整个企业，那么在企业内部，任何比整个企业更小单元的群体所形成的文化，都可以称为亚文化。亚文化对于深入理解企业文化很重要。

4.1　常见的亚文化类型

◎ 结合你的生活体会，你能举出一些企业亚文化的例子吗？

　　沙因认为，群体有三个特征，分别是：（1）彼此互动；（2）心理上意识到彼此的存在；（3）他们认为自己是一个群体。沙因对群体的定义是比较狭义的，强调群体成员之间需要有互动。群体和组织有什么区别呢？根据组织管理学家巴纳德的看法，组织应该有如下三个特征：（1）有明确的目标；（2）有良好的沟通与合作的意愿；（3）有明确的权力和责任体系。群体可以有不同的划分方式，最常见的一种是划分为正式和非正式群体。这两种群体之间关键的区别在于是否存在一个有意识地协调活动或力量的体系，以及这个体系的清晰程度。

一家企业中存在着不同的群体，就正式群体来说，从横向来看，根据劳动分工可以形成不同的群体，例如生产、销售、技术、行政等。群体还可以细分，比如同样都是一家企业的销售人员，还可以根据服务客户的类型不同划分成不同的群体，或者按照地域划分成不同的群体。从纵向来看，根据地位层级，也形成不同的群体，例如一家企业的高层、中层、基层管理人员和普通员工。或者，按照年龄划分为"70后""80后""90后"等。就非正式群体来说，企业中的员工可能因为某种背景或爱好形成不同的群体。例如，一家企业来自某省某地的员工特别多，就形成了一个因为地缘而形成的群体。

这些不同的群体都有可能形成亚文化。劳动分工形成的不同亚文化之间存在差异。例如，生产部门一般重视效率、成本、质量和控制。相比之下，销售部门重视业绩，以及竭尽全力去赢得市场。销售人员认为销售活动中对客户正常的夸张是必要的策略，但在生产人员眼中，可能是不切实际的信口开河。管理者偏重于理性和数字化管理，认为很多工作需要"倒逼"，员工才能提高效率。而对于技术员工来说，技术开发的过程是需要时间的，有些东西逼得太紧，只能牺牲质量，甚至造假。不同的层级也会形成不同的亚文化。张德教授在他编写的企业文化案例中介绍过一家公司，这家公司的高层管理人员，尤其是企业的领导，认为企业已经进入"无为而治"的文化管理状态，但当张德教授和这家企业的基层员工了解情况时，发现员工的看法很不一样。员工向张德教授坦言，很多时候甚至不知道老板讲话用的词都是什么意思。

需要再次强调，文化是一种历史沉淀，亚文化也不例外。例如，很多人习惯用部门文化这个词。其实大部分情况下，能沉淀下来的部门文化指的是由于劳动分工而形成的亚文化。大部分和部门领导有关的特点，更准确的说法是部门氛围，而不是部门文化。氛围和文化的差异，我在前面谈过，这里不再赘述。它们之间最核心的区别是：氛围缺少历史沉淀，相对易变；文化不易改变。真正的部门文化，是换了部门领导，部门仍然还能继续保持的那些特点。

4.2 一元观和多元观

◉ 你认为企业文化是一元的还是多元的？

持有企业文化一元观的人认为，企业文化只存在一种主流文化。他们通常采用功能主义的角度来看待企业文化，即认为企业文化是企业的一个根本特征，并对企业的方方面面产生影响。早期的企业文化书籍偏向于这一观点，至今也得到企业高层管理人员和负责企业文化建设的人员的推崇。为什么呢？对于大部分企业家来说，文化是用来管理企业、统一思想的工具，所以内心对多元文化多少是排斥的。对于负责企业文化建设的人员来说，一来需要落实领导的思想；二来如果文化多元化了，那么开展文化宣传和推广的工作，就会变得无所适从。

持有企业文化多元观的人认为，一家企业中的企业文化，并不是单纯的一种。瑞典籍企业文化学者麦茨·埃尔维森提出了一个文化流（cultural traffic）的概念，专门突出企业文化多元化的特点。埃尔维森认为，社会中存在丰富多彩的文化观点，企业不是一个封闭的体系，受社会的影响很大，人员的流入流出会使企业保持和社会的频繁互动，使得企业很难建立一元的文化。这个观点说明，随着社会经济越发达，思想越开放，企业文化也会越多元化。

多元观又可以进一步分成差异观（differentiation）和碎片观（fragmentation）。差异观认为，不同的群体，利益不同、工作方式不同，自然存在不同的文化。例如，生产人员和销售人员的文化不同，不同年龄段（如"70后""80后""90后""00后"）的文化不同，高层管理人员和基层人员的文化也往往不同，某些方面差异很大，甚至存在对立。美国学者约翰·范·马南（John Van Maanen）教授于1990年发表的文章《微笑工厂》（smile factory）深度描写了迪士尼公司的亚文化。范·马南年轻的时候曾经在迪士尼打过工，这段经历使他能以一个局内人的角度来进行有深度的分析。《追求卓越》《基业长青》等流行的商业书籍把迪士尼乐园描述成一个"带给千百万人快乐"的地方，而且员工们似乎都发自内心地把他们的快乐带给游客们。作为一个持有企业文化差异观的学者，范·马南选择站在基层员工的角度分析迪士尼文化，提出了不一样的观点。例如，一些员工的微笑是"职业的"，并不是发自内心的；虽然公司宣称所有的岗位都是无差别地为游客提供服务，但实际上岗位之间存在明显的社会地位等级，地位最高的是迪士尼形象大使和导游，其次是受欢迎游乐项目的操作人员，接下来是其他操作人员，然后是清洁工，最底层的是被特许在园区内出售食品的商贩。不同岗位上的员工对迪士尼文化的感受是不同的；公司有一套巡视和监督机制，员工们会想办法摆脱领班和巡视员的监督，有时会逃到偏僻的地方休息；公司有一整套听起来很动人的术语，像客人（游客）、演员（员工）、舞台（工作场所）、角色（工作职责）、上台表演（当班）、台词（话术）等。在基层员工看来，这是一套控制手段，是为了让员工在工作中去掉自己的个性和差异，能标准化地运行公司设计的工作流程。

最为多元的观点，是美国企业文化学者乔安妮·马丁提出的碎片观。

她认为，文化本身就是一个非常复杂的体系。没有任何一个群体可以对文化中所有的内容持有一致的看法。她认为，可以把文化拆解成一块一块的小部分，每一小块都有可能在企业的不同人群中激发起共鸣。这个提法有点抽象，我打个比方来说明。比如某种文化由五个小的部分组成，可以用红、黄、蓝、绿、紫五个颜色的灯泡来代表，假想每个人都带有多个灯泡，平时不亮。当大家在一起互动时，有的时候一些人的红色灯泡同时亮起来，有的时候一些人的蓝色灯泡同时亮起来……当然，也有可能某个时候，一些人同时亮起不止一盏相同颜色的灯泡。大家可以从这个比喻中看到，碎片观强调了文化的多样性和流动性。

虽然差异观和碎片观都属于文化多元观，但是也存在根本性的不同。我简要介绍如下的三点不同：第一，差异观重视存在（being），即认为亚文化独立于观察者的观察，事先已经存在。碎片观重视变化过程（becoming），由于事物是不断变化的，所以作为观察者，只能通过观察"文化如何变化"来确定"文化是什么"。第二，差异观强调不同亚文化的对立和冲突，模糊性存在于亚文化的中间地带。而碎片观认为文化的本质特点是模糊性，而不是清晰性。模糊性不仅存在于亚文化的中间地带，也存在于亚文化的内部。模糊性来自于哪里呢？首先，新生事物带来模糊性。其次，生活中存在不少既要……，又要……，更要……，还要……的矛盾情景，人们很难在非黑即白之间选择，而是需要平衡多重矛盾，管理好这些矛盾之间的张力。第三，差异观认为亚文化一旦形成，是相对静态的，不易变化。而碎片观认为文化是动态的，强调文化的变化。碎片观认为，即使是来自不同群体的人，也能够对某种观念产生共鸣。但是，这种共鸣很可能是暂时的，是不稳定的，有很多因素会导致这种共鸣发生不同程度的变化。

我用一个比喻来说明一元观、差异观和碎片观的区别。一元观就像是有一块大陆，大陆上空晴朗无云，人们从飞机上往下看，看得很清晰；

差异观像是有多个岛屿，岛屿上空晴朗无云，但是岛屿和岛屿之间充满了云雾，人们从飞机上往下看，岛屿内部看得很清晰，但是岛屿之间就很模糊；碎片观像是有多个岛屿，无论是岛屿上空，还是岛屿和岛屿之间，都有云雾不断飘过，人们从飞机上往下看，有时候看得很清晰；有时候云雾恰好飘过，就无法看得清楚。云雾的浓淡程度不一样，模糊的程度也不一样。

我认为，要协调一元观和多元观之间的差异，需要注意以下两个方面。第一，注意分辨企业文化的不同层次。一些看起来不同的文化现象，其实有共同的深层次的原因。企业文化学者沙因教授认为，人们对某些文化现象感到模糊，是因为还没有从深层次的基本假设去理解这些看似矛盾和冲突的文化现象。例如，他曾经长期作为美国数字设备公司的顾问，发现公司的管理人员常常会就如何开展工作发生激烈的争执，看起来这些人的观念是不同的，但是沙因指出，该公司的深层基本假设之一是：只有通过辩论和竞争，才能出现好的想法。沙因认为，如果观察者理解了这一点，就不会对表面上看似的冲突或矛盾感到困惑。当然，沙因本人算是一个一元观的企业文化学者，他的观点有道理，但也并不能解释企业文化中所有的冲突、矛盾或模糊。第二，注意分辨宣称的价值观和实际运行的价值观之间的区别。在一家企业中，宣称的价值观往往来自企业领导最看重或最希望塑造的价值观。持有一元观的人，很多时候把企业文化等同于宣称的价值观，按照沙因对企业文化给出的定义，这是不准确的。宣称的价值观，往往反映的是意识形态，是管理者有目的地向被管理者宣传、灌输的思想。如果我们承认企业文化是一种历史沉淀，那么意识形态只是宣称的价值观，不一定能沉淀下来。能不能沉淀下来变成文化，需要时间，需要通过有效性检验。持有多元观的人，在强调实际运行的价值观的同时，往往忽视了意识形态的作用。意识形态虽然不一定能沉淀下来变成人们的共识，但是仍然对人们有显著的影响。

4.3 对待亚文化的态度

◎ **企业应该如何对待亚文化？**

一家企业在实际运行中，不可避免地存在多种实际运行的价值观，即存在多种亚文化。管理者在推行主流意识形态的同时，如何看待和管理亚文化，是个重要的问题。它和主流意识形态的特点有关：如果主流意识形态强调控制和协调一致，那么企业会严格管理亚文化，不希望给亚文化成长空间。如果主流意识形态重视创新和活力，那么企业在亚文化的管理上会松一些，给亚文化留出成长的空间。

美国惠普公司的历史上曾经有过亚文化成长为主流文化的例子。惠普公司是由两个斯坦福大学的校友，休列特和帕卡德创办的，公司靠高利润的测量仪器发家，后来测量仪器的发展受到市场的限制，而由哈克·伯恩负责的打印机事业部蓬勃发展。当时不少惠普经理质疑打印机这门生意，因为它单台利润薄，是靠走销量来壮大的。由于商业模式不同，打印机事业部的文化也和惠普其他仪器事业部的文化不同。哈克·伯恩把打印机事业部搬离了总部，搬到了美国爱达荷州的博易西市，用地理的区隔来避免和惠普总部企业文化的冲突。后来惠普公司一分为二，新成立的安捷伦公司沿袭了老惠普的文化，而新惠普的文化，和打印机事业部的亚文化更类似，越来越和老惠普的文化不同。

如果企业需要创新驱动，那么尤其需要包容亚文化。现在的亚文化，有可能是企业未来的主流文化。其实，创新的企业往往既非常强调统一的意识形态，同时又允许亚文化的存在和发展。对于一个企业来说，亚文化增加了企业的多样性，从而增加了企业作为一个整体，在环境激烈变动的情况下，存活和发展的可能性。在当下这样一个迅速变化的时代，企业不能只重视稳定性、可控制性，而要在此基础上重视灵活性、发展性，甚至需要为了灵活性而损失一点可控制性。强势的一元文化成功的基础，是领导的思路是正确的，否则一旦出错，就可能让企业在错误的道路上走得更快，从而衰败得更快。企业需要在主流文化下容忍，甚至鼓励多元文化的存在和发展。只要亚文化不是由于不同政治利益而形成的，而是由于不同的分工、层级和地域形成的，而且并不排斥主流文化，就应该允许这些亚文化的存在。

如何在对人的管理中表现出包容亚文化？我的建议是，对于能力强的人才，不要用苛刻的标准要求他们在价值观上和公司的价值观保持完全一致。能力越强的人，往往也越有自己的想法和个性。我认为比较好的做法是：如果他们的价值观和企业的价值观有冲突，企业不应该提拔和重用他们。但是，如果他们的价值观和企业的价值观虽然不一致，但也不冲突，企业不要排斥他们，而是应该有海纳百川的胸怀，一样为我所用。这些人才会给企业带来价值观的新元素，有助于企业保持活力，有利于企业文化的创新。

4.4 作为宣称价值观的意识形态

◎ 你有没有见到过宣称的价值观和实际运行的价值观高度一致的企业？

权力是一个重要的概念，它反映了人们之间的相互依赖关系。权力结构之所以能够存在，是因为存在支配者和被支配者。按照资源依赖理论，掌握某种资源的一方能够支配缺乏并希望得到这种资源的另一方。金钱和职位是两个重要的资源，由于资源的分布是不均等的，所以在任何一个社会，以及任何一家企业中，都存在权力结构。

权力和意识形态有什么关系？意识形态是企业为了实现其目的，对企业内外部环境所做的解释和规定。它决定了人们如何看待资源，以及各种资源的价值，从而决定了依赖和被依赖的程度。

绝大部分的企业领导希望建立一个一元的、占据主流的企业意识形态，也需要这么一个意识形态。不同的意识形态，会造成人们思想的混乱，增加管理的成本。企业文化的咨询项目基本上都是在帮助企业的领导们采用各种手段塑造他们希望的意识形态。我曾经见到过一家企业的宣贯方法，分成内修五法，合修五法，外修十法。宣贯还有一个总原理图，认为宣贯的过程分成四个关键阶段。第一阶段，同化前的员工处于"原我"状态，即未经该企业文化熏陶的员工；第二阶段，员工通过"正心意、正学习"植入该企业的理念，过程中需要运用合修和外修的方法；第三阶段，员工自发地运用该企业理念对"原我"进行指导、检查、纠正；第四阶段，最终将员工从"原我"改变为信仰并自觉遵循该企业理念的"××人"（注：××是这家公司的名称）。大家读到这里，有没有感到一点教派对教众洗脑的味道？这家企业在后来改进了宣传方法，删去了上面介绍的一些过头的做法。

我并不反对在企业中提倡意识形态，而且鼓励企业应该有积极向上的意识形态。什么是积极向上的意识形态？对于企业来说，通过给客户创造价值来获取利润，提升自己员工的生活水平和综合素质，进而推动整个社会的进步，就是积极向上的意识形态。已故的管理学大师德鲁克教授曾经说过，企业归根结底经营两件事情，一件是经营客户；另一件是经营人才。企业能真心实意地做好这两件事情，就一定能表现出积极向上的意识形态。当然，这是看似简单，却非常难以坚持的两件事。其实，企业从平凡到优秀，从优秀到卓越的过程，是一个文化品位和境界逐步提高的过程。在经营方面，通常是从利己经营起步，上升到通过利他来利己，最终达到利他经营本身就是目标的境界。在人员管理方面，通常是从把人作为手段起步，上升到人既是手段，也是目的，最终达到不利用人，而是追求全面发展人的境界。

把意识形态过度地工具化，短期可能成功，但长期会带来很多麻烦。短期来看，员工的思想被同化后，很多工作好开展。但是，随着时间的推移，如果言和行之间发生脱离，员工认为企业宣称的价值观是"忽悠"人的，那么对人的管理将非常麻烦，员工会对任何的宣传产生怀疑，甚至是讥讽。如果把员工折腾得什么理念都不再相信，那管理就会变得很困难。靠金钱？职位？可能有效，但是这两个手段的代价也很大。我在教学的过程中，感到这些年学生们的思想状态发生着变化，对来自企业高管层的思想怀疑变多了。例如，我在清华 2016 年学期的第一堂课，有位 MBA 学生就问出一个问题：难道企业文化不是统治阶级用来维护统治的工具吗？引发了在场不少学生的共鸣。我在欣赏这位学生有想法的同时，也为现在企业的员工管理感到忧虑，感到难度会越来越大。我希望把企业文化当作工具的一些管理者们能反省、反思。对于员工管理来说，最大的成本，是人心不顺的成本。有一位企业家打过一个形象的比方，人心好比电池里的芯，芯电阻大了，电会很快耗光的。人的心电阻大了，企业管理很难搞得好。我曾和张德教授讨论过这件事情，他认为，减少电阻的方法是平等沟通。企业领导者尊重员工，建立平等共赢的企业文化，员工就不会认为领导者在忽悠自己。

我不赞同强化依赖和被依赖关系的意识形态。我认为推广意识形态的基础，应该是尊重人的独立人格。管理层和员工之间的关系，不应该是剥削和被剥削的关系，压榨和被压榨的关系，而是劳动纵向分工的关系，即职位虽有高低之别，能力上也许有差异，但人格是平等的。管理者不要以为，下属依赖自己就是一件好事情。社会心理学的研究表明，依赖和被依赖是奇妙的矛盾关系。人们对于掌握和给予自己资源的人的情感是复杂的，又爱又恨。爱的是满足了自己的需求，恨的是丧失了独立的人格。一个奇特的现象是，伤害资源拥有者最深的，往往是不得不依赖他们的人。依赖者一旦有了机会，就会想办法反叛被依赖者，拿走后者的资源。

4.5 如何看待宣称和实际之间的不一致？

◉ 你有没有见到过在企业文化方面"说一套、做一套"的企业？

不论是企业领导，还是基层员工，应该对宣称价值观（意识形态）和实际运行价值观的不一致有包容。人们似乎更希望见到一致的情况，回避不一致的情况。我的观点是，不一致的存在是正常的。其实，冲突是永恒的，平衡只是冲突的中继站。有了这个观点，更容易包容不一致，甚至有利于挖掘不一致中潜在的好处。

我鼓励企业有积极向上的意识形态。一般来说，管理层，尤其是企业的领导层，对于成就客户等积极向上的意识形态接受度高一些。基层员工考虑更多的是现实的收益，对于价值观、意识形态这种形而上的东西考虑得少。对于社会来说，往往是精英阶层，或者更广泛地说，代表了先进生产力的阶层或群体，首先接受了先进的理念，然后再向社会更广的层面逐步推开。在这个过程中，意识形态和实际运行价值观之间的不一致，是正常的。

因此，不论是企业领导，还是基层员工，不必有宣称和实际必须保持一致的洁癖。想一想，我们自己能做到宣称的东西和实际的行为时刻保持一致吗？恐怕做不到。对于员工来说，接受了不一致的观点，对于意识形态和实际运行价值观的不一致，接受的程度会更高，在看到企业倡导的意识形态带来的实际收益之前，就能够接受意识形态，起码不反对、不排斥。对于企业领导来说,也要认识到意识形态和实际运行价值观的不一致是正常的,只要在企业中倡导的是积极向上的意识形态,就应该维护它、强化它。企业经营好了,倡导的意识形态会越来越被更多的员工接受,逐渐变成实际运行的企业文化。

接受不一致对于我们看待和思考一些观点,可能有新的启发。例如,有人说儒家文化是虚伪的文化,甚至说,宁为真小人,不做伪君子。我的看法是,儒家学说的理想是改造人,修身、齐家、治国、平天下。这个过程中,理想的要求总是比现实的水平更高,不可能一蹴而就。君子的标准很高,但不拿高标准引领人,难道用接地气的低水平来引领人?我甚至认为,要想成为真君子,首先学会成为"伪"君子。承认不一致,想办法减少不一致,就能向上走。阿里巴巴的马云是个有争议的人物,有人崇拜他,有人贬损他,说这个人是个超级大忽悠。贬损的理由是什么呢?有人认为,尽管马云说一套高大上的东西,可是阿里巴巴有不少真实情况和马云说的不一致。我没有马云的第一手材料,无法判断马云言语背后的动机,可是在我看来,这种不一致是正常的。这么大的一个企业,不用高大上的意识形态去引导,难道用一般的意识形态去引导?

当然,也有公司宣称和实际价值观之间的不一致,是错误地把企业文化当作对外公关和对内洗脑的工具。这些公司重视文化的外包装,但其实从企业领导人心里,并不相信宣称的价值观。这种把企业文化过度工具化的想法非常有害,经不起时间的检验。已经倒闭的美国安然公司曾经如此表达过它的价值观:"我们用坦然和真诚与客户、未来工作,我们说到做到,我们决不做那些我们承诺不做的事情。"但是,安然在实际行动中离它宣称的价值观越来越远:它发展出了一套复杂的财务系统,连华尔街的专家也难以了解,由于股票增值,获利丰厚,没有人去深究。安然雇用了一批律师和会计师,使其成为违背法规而不被抓住的行家。安然还通过由自己人掌握的合伙企业,降低财务负债额,欺骗公众。

企业的"一把手"作为企业的首席文化长,应该定期审视公司宣称和实际价值观之间的不一致,以及这种不一致是否意味着问题。2016年可谓是百度公司的多事之秋,贴吧事件、魏则西事件把百度公司推到了风口浪尖,引发了社会对该公司的广泛批评。百度创始人李彦宏在一封写给员工的公开信中,分析了问题的诸多根源,其中对"尊重用户体验""简单可依赖"价值观的言行不一,做了如下的深刻反省:"从管理层到员工对短期KPI的追逐,我们的价值观被挤压变形了,业绩增长凌驾于用户体验,简单经营替代了简单可依赖,我们与用户渐行渐远,我们与创业初期坚守的使命和价值观渐行渐远。如果失去了用户的支持,失去了对价值观的坚守,百度离破产就真的只有30天!"

第 5 章

企业文化的测量

企业文化能不能被测量呢？学者们有不同的看法。有的学者非常反对测量企业文化，例如埃德加·沙因。他的反对理由是：任何关于企业文化测量的调查问卷，都只不过是测量了企业文化在发展过程中的一个静止的截面，而损失了大量关于企业文化动态变化和丰富内涵的信息。因此，任何把企业文化视为"变量"或"结果"来进行测量的做法，他认为都是不可取的。

我认为能不能测量，和人们想了解企业文化的哪个层次有关系。如果想了解企业文化基本假设的内容，那么测量是不可取的。如果目的是了解企业文化在经营和管理中表现出来的某种模式、特色，我认为是可以测量的。而且，通过测量，尤其通过多个时间点的测量，可以看到企业文化的变化，这个意义非常大，可以用来指导企业文化评估、变革等实践。

研究者已经开发了很多企业文化的测量工具，我曾经比较深入地研讨过奎因（Quinn）和卡梅隆（Cameron）的组织文化评价量表，丹尼森（Denison）的组织文化测量工具，以及查特曼（Chatman）的组织价值观量表，也发表过关于测量的文章。通过教学实践，我认为奎因和卡梅隆的组织文化评价量表（organization culture assessment questionnaire，OCAQ）最具实用价值，所以在本章，我结合自己的经验，重点介绍这个量表。

5.1 竞争价值观模型

企业能不能同时具有灵活性和控制性？

测量工具需要有理论支持。奎因和卡梅隆的组织文化评价量表所依赖的理论叫竞争价值观模型。奎因和卡梅隆首先找到了39个能够反映企业有效性的指标，然后使用统计手段来发现这些指标背后是否存在更为基本的维度。他们最终找到了两个成对的基本维度，一个是灵活性—稳定性；另一个是内部—外部。

我认为这两个基本维度深刻地反映了企业发展的规律。任何一个企业，必须面对这两个维度反映出的基本矛盾，一是在资源有限的情况下，目标常常是多个的，甚至是冲突的。把资源更多投在内部，还是更多投在外部，或者形象地说，是更多做组织内部建设、整章建制，还是更多用在外部市场的开拓，这反映了企业对经营管理重点的思考和选择。

二是从经营管理的基本手段上划分，企业是偏重于控制，追求稳定，还是偏重于发展，追求灵活。美国管理咨询专家艾迪斯曾经对企业的生命周期有过深刻的分析，他认为一个企业的成长，像一个人的成长过程，如图5-1所示。一个人刚出生时，肢体非常灵活。例如，在婴儿期，能够灵活到把脚丫子伸到自己的嘴里。不过，灵活虽然灵活，但是控制性不够，婴儿也不是想吃脚丫子就能吃到，往往需要尝试好几次，才能把脚丫子放到嘴里。随着年龄增长，控制性增加，但是灵活性下降。一个人最好的时期，是灵活性和控制性平衡的时期。再往后，控制性有余，灵活性欠缺。到了暮年，因为气力不足，灵活性和控制性都很低。企业也是动态发展的，企业小的时候，自然地具有灵活性，大的时候开始注重控制性，大到一定程度，又必须把灵活性找回来。

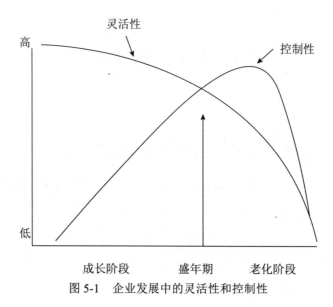

图 5-1　企业发展中的灵活性和控制性

选自：伊查克·艾迪斯《企业生命周期理论》

我喜欢竞争价值观模型，有两个原因。第一，根据这个模型开发出来的测量工具实用，得到了很多管理者的认可和好评，说明该模型是有生命力的。第二，竞争价值观模型契合了中国传统文化中整体、辩证、阴阳动态转换的观点。内部和外部，灵活和控制，虽然是矛盾的，但又相互依赖，可以动态转换，也是一个整体。在研读竞争价值观模型的过程中，我感到该模型包含的思想非常亲切。

5.2　四种文化类型

◉ 哪种企业文化类型对你的吸引力最大？

两个成对维度一交叉，把一个平面分成四个部分，对应着四种文化类型。形象地说，这四种类型代表着企业四种典型的活法。

第一个活法是层级型,这可能是最常见的一种文化类型。层级型的特点是工作环境非常正式,人们做事情有章可循,领导以企业家和协调者的形象出现,企业靠正式的规则和政策来凝聚员工。企业关注的长期目标是稳定、有效。企业的成功意味着服务可靠、运行良好,以及成本降低。它的理论基础是德国社会学家马克斯·韦伯的官僚制度理论。这个理论认为,要建立一个有序的组织,就要在组织中实施制度化、专门化、重视知识技能、等级、所有权分离、责任和义务统一。层级型的基本假设认为,如果企业做到一切可预见、井井有条、效率高,就能够活得很好。这种活法在经营环境稳定的年代非常有效。但是,随着互联网经济时代的到来,这种文化正在被挑战,甚至被颠覆。

活法之二叫市场型。它非常强调对市场的重视,对目标达成的重视。它追求结果导向,人与人之间富于竞争力,强调目标完成,领导者以竞争者的形象出现,企业靠战胜竞争对手来凝聚员工。企业关注声誉和成功,关注富于竞争性的活动和目标的实现。它认为企业成功意味着高市场份额和市场领导地位。这种类型的理论原型是奥利佛·威廉姆斯(Oliver Williamson)和比尔·大内(Bill Ouchi)的交易成本理论。简单来说,在使用资源的时候,应该尽可能调动市场的力量,只有在不能用市场解决问题的时候才考虑采用某种组织的形式,比如交易成本大过组织协调成本的时候。

活法之三是宗族型。它的特点是人际氛围好,员工相互沟通多,像一个大家庭一样,领导以导师甚至父母亲的形象出现,企业靠忠诚和传承来凝聚员工。很多服务行业中的企业,像海底捞,以及日本企业带有这种特点。他们认为,制度无法管到千差万别的情况,所以需要员工对企业有忠诚感,让员工对企业有主人翁精神,认同企业的价值理念。这样,当他们碰到具体情况的时候,能在企业理念的指导下,合理运用其判断力,去完成工作。这种类型的理论原型来自威廉·大内和帕斯卡尔的企业文化理论,以及人际关系学派。它的基本假设是,由于具体问题需要具体分析，所以没有什么稳定的规则或者是制度能够放之四海皆准，而且过细的制度会导致管理成本高。因此，应该用共同的价值观、信仰和目标，来应对不确定的环境。

第四种活法叫活力型，它的特点是工作环境充满活力、富有创造性，员工勇于争先、冒险。领导以创新者和敢于冒险的形象出现。企业靠不断地创新，不断地推出新的产品或服务来凝聚员工，强调位于领先位置，而且鼓励员工的主动性和自主性。它的理论原型来自约瑟夫·熊彼特（Joseph Schumpeter）的创新理论。这个理论对人类未来的看法是乐观的，认为创新能够有无限可能，能够让人们的生活变得更美好。这种观点对于高新技术企业非常有吸引力。它的基本假设认为，环境是模糊的、动态变化的，因此要以变应变，不断地创造新产品和服务。

很多企业不是简单地在这四种活法中单一地选择一种，更像是一种混合体，即四种活法的特征都有，同时存在突出的特征。例如，谷歌公司活力和宗族的特点曾经非常明显，但随着规模的增加，层级和市场的特点目前也有了。另外，企业的活法也不是静态的，而是会变化的。一个企业不是很刻板地只能选择一种活法，而是随着企业的不同发展阶段而变化。

5.3 企业文化测量

◉ 请参考表 5-1，对你所在的企业文化做评价。

奎因和卡梅隆的组织文化评价量表是非常好的一个测评工具，简洁实用。该量表从六个方面（基本特点、领导风格、员工管理、组织凝聚、战略重点和成功准则）来评价一家企业的企业文化，每个方面有 ABCD

四个选项。表 5-1 列出了基本特点一个方面的例子，感兴趣的读者请参阅中国人民大学出版社出版的《组织文化诊断与变革》，里面有完整的评价量表和使用说明。四个选项里面，A 代表宗族型（或称团队型）；B 代表活力型（或称创新型）；C 代表市场型（或称目标型）；D 代表层级型（或称官僚型）。哪个选项的得分越高，说明该选项对应的文化类型越突出。

表 5-1 组织文化评价量表示例

	本企业的基本特点	现状	目标
A	很人性化，就像是一个大家庭。人们之间比较了解，关系良好。		
B	充满活力，富有开拓精神。人们愿意表现自己，并承担风险。		
C	目标导向，主要关注工作的结果。人们喜欢竞争，追求成就。		
D	控制严格、层级分明。人们做事严格遵守正式的流程。		
	小计	100	100

如何使用表 5-1 来评价企业文化？大体分成两个步骤。首先，是对企业文化现状进行评价，即根据你对所在企业目前状况的了解，在 A、B、C、D 四个选项中进行选择，越符合你所在企业的选项，打分就越高，但是 A、B、C、D 四项的总分不能超过 100 分。例如，你可能打出 A（20）、B（10）、C（30）、D（40）的得分，说明你认为你所在的企业以层级型和市场型为主要特点。其次，是对企业文化的目标进行评价，这时需要你思考："如果企业 3～5 年后发展得更好，企业文化应该是什么样子"？思考这个问题时，你最好把自己放在企业一把手的位子上来做出判断。你认为越应该发展的类型，打分就越高，但 A、B、C、D 四项的总分同样不能超过 100 分。例如，你可能打出 A（30）、B（30）、C（20）、D（20）的得分，说明你认为企业文化应该减少控制，增加灵活性。

我在教学中发现了一些规律性。例如，来自规模大的企业，尤其是国有大型企业的管理人员，他们对企业文化现状的感知往往是以层级型为主，但他们普遍希望企业文化增加创新和团队型的特点。来自规模小、成立时间短的企业管理者，对企业文化现状的感知往往是以团队型为主，他们中的不少人希望企业文化增加层级型的特点，反映了他们希望增加制度化管理。和私营企业相比，国有企业在层级型、团队型上的得分一般更明显，越是受到计划经济体制传统影响大的国有企业，层级型和团队型的得分越高。对于来自企业集团的管理者，总部的人员对不同文化类型的评价，往往更均衡，而来自一线的管理者，往往对市场型和层级型的感知更明显。

这个测量工具对于来自同一家企业的管理者们认识所在企业的文化尤其有帮助。我在教学实践中，会把来自同一家企业的管理者们分成不同的组，先是小组中每个人对企业文化的现状和目标进行评价，然后小组成员必须通过讨论（注意，不能用把每个人的得分求平均的方式！），得出小组协商后的企业文化现状和目标得分。一般来说，不同小组之间对企业文化的现状得分很接近，把小组得分进行平均，往往能得到参与者们认同的企业文化现状得分。因为不同的人对企业应该如何发展的思路可能不一样，所以企业文化目标的得分会有差异。我采取的办法是让企业的决策者或决策团队来决定企业文化的发展目标。

这个评价工具最具价值的地方在于，当现状和目标文化之间存在差异时，差异可以促使参与者思考：我们如何行动，才能让现有的文化类型向目标文化类型转型？我在教学实践中，会让来自同一家企业的不同小组写下行动方案。在写行动方案时，我会提醒他们在目标文化的指引下，从三个方面进行思考：在企业经营和管理中，哪些地方应该肯定和保留？哪些地方应该做出修改和调整？哪些地方应该创新？然后，我会让每个小组派代表上台介绍。我发现，只要创造出开放、坦诚、沟通的氛围，管理者借助这个练习，往往有精彩的发现和总结。

什么是好的企业文化类型？短期来看，如果目前实际的活法和希望的活法越一致，即文化现状和目标越接近，就越好。如果企业现在的运作良好，不需要太大改变，那么这个时候的文化就是适合的企业文化，也是现阶段最好的企业文化。长期来看，企业文化类型会向均衡状态发展。经历了百年历史的企业，文化类型的特点通常是不走极端，充分吸收各种活法里面的优点。它们不太会变成 A、B、C、D 都是 25，但四个选项的得分会比较接近，C 和 D 也许略高一点。总之，长期来说，均衡发展的企业文化类型是最好的。

5.4 管理风格评价

⊙ 你认为什么风格的人更适合活力型的企业文化？

奎因和卡梅隆认为，企业文化的变革最终要依靠个人行为的变革。如果员工的行为没有向新的文化靠拢和改变，文化变革就不会取得成功。管理者必须率先审视自己的管理风格是否顺应文化的变革，哪些地方需要做出改变。现实中，人们总会或多或少地存在自我认知的偏差，很多管理者并不能清醒地认知到自己的管理行为和风格是否准确地向员工传达了自己的管理意愿，因此需要一个工具来评估管理者的管理风格或能力，从而帮助管理者有针对性地去改变或提高，以推动企业文化的变革。

奎因和卡梅隆在竞争价值观模型的基础上，开发了用于评价管理者个人管理风格的工具。我曾经指导学生使用过两个版本，获得了一些经验体会。第一个版本由 60 个问题组成，每个问题都描述了被评价者的一些行为，这些行为分布在对立价值构架的四个象限中，每个象限均包含了代表该种文化类型所对应的 3 个风格或能力，总共 12 个风格或能力，每个均有5个问题进行评价。第二个版本更简洁一些，由36个问题组成。其中团队型文化对应的管理风格或能力包括鼓励参与、开发潜力、直觉诉求；市场型文化对应的管理风格或能力包括关注竞争、强调执行、竞争导向；创新型文化对应的管理风格或能力包括激发他人、发起变化、感知顾客；控制型文化对应的管理风格或能力包括管控过程、阐明规则、结果准确。12个小类下，每一个小类均有3个题目，描述具体管理行为，如测量竞争导向的一道题目是："在业绩评价中，强调竞争导向，即让大家都知道工作中存在竞争，适者生存。"

目前已经有各种评价管理者个性、风格或能力的测评工具，但和企业文化变革紧密联系在一起的工具很少。奎因和卡梅隆开发的这个工具实用的地方在于，当确定了组织文化变革的方向后，通过评测管理者的管理风格或能力，也给管理者个人如何改进提供了明确的方向。例如，如果通过企业文化测评，发现一家企业的文化应该增加创新，那么在这家企业的管理培训或领导力开发中，就应该多设置一些和激发他人、发起变化、感知顾客相关的课程。我很认同这个思路，并认为这是带动组织文化转型的重要切入点。

不过，和企业文化评价问卷相比，管理风格和能力的评价问卷还不是很成熟，原因如下：第一，我没有看到更多的研究表明这个问卷有足够的信度和效度。在我和学生收集的数据中，12个类别中有的信度高，有的信度低一些。而且因子分析常常不能支持12个风格或能力的类型划分。第二，因为测量问题都是在美国文化的语境下开发出来的，很多问题读起来，虽然也能明白含义，但总觉得不够接地气。第三，谁来评估管理者的管理风格和能力最合适？按道理来说，应该是下属最合适，这是因为下属最能感受到上级的管理风格和效果。但是，在我国很多组织中，缺乏下级评价上级的氛围。下级评价上级往往是个很敏感的事情，所以从下级那里往往得不到准确的反馈。总的来看，管理风格和能力的评价问卷很有价值，但还需要做大量的工作去完善，一方面是测量工具本身的题目需要完善；另一方面是需要建立符合实际的、行之有效的评价机制。

5.5 企业文化测评的案例

◉ 使用本章介绍的文化测评工具，对比你所在企业的文化现状和目标，你会提出哪些变革的建议？

N 公司是以电力设计、施工为主要经营业务的公司。该公司的愿景是"创建一流国际工程公司"，目前的战略目标是从改革效益型尽快地向素质效益型转变。为达到这一目标，公司通过"三个尽快"的战略途径来实现，即"尽快实现市场的扩展，尽快实现技术升级，尽快实现资本的扩张"。

N 公司已经成立了 50 多年，在发展中积累了许多成功的经验和精神财富，需要把它们准确地提炼出来。另外，为了保证公司新战略的顺利实施，需要在已有文化的基础上补充新的内容，使之具有新的内涵，更加符合市场经济的要求。如果从这两个方面建立起一个和发展战略紧密联系的企业文化体系，就可以成为实现企业愿景的强大后盾。

N 公司进行了企业文化诊断活动，参加者为公司总部的中高层管理者和高级工程师。参加活动的 32 人被分成四组：领导组、总工组、职能一组和职能二组。参加者首先对企业文化类型的现状进行了回答，并对自己的最终结果进行了计算。然后分小组进行了热烈的讨论，每个小组最终得出一个企业文化类型得分。接着，参加者在"如果 N 公司要在 5 年以后发展得更好，企业文化应该是什么样子？"问题的引导下，对目标企业文化类型进行了回答。同样经过小组讨论，产生出四个小组的目标企业文化类型得分。

按各组最终讨论结果计算的企业文化现状和目标企业文化如表 5-2 所示。直观地，最终各组的平均值如图 5-2 所示。

表 5-2　按各组最终讨论结果得分计算的文化类型得分

组　别	团 队 型		创 新 型		市 场 型		层 级 型	
	现状	目标	现状	目标	现状	目标	现状	目标
领导	22.5	20.0	20.0	28.3	33.3	33.3	26.0	18.3
总工	17.2	28.6	21.2	26.0	30.2	27.7	30.9	17.8
职能 1	17.8	27.7	25.0	27.7	32.0	27.3	26.0	15.0
职能 2	13.3	45.0	21.7	14.0	35.0	25.0	30.0	16.0
平均	17.7	30.3	22	24	32.6	28.3	28.2	16.8
标准差	6.1	8.0	7.8	5.3	7.4	5.0	9.0	7.0

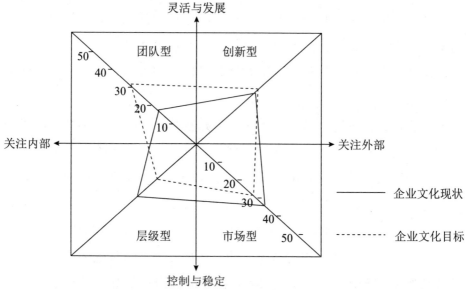

图 5-2　按各组最终讨论结果平均值的文化变革

从表 5-2 和图 5-2 可以看出：第一，文化类型平均值变化幅度最大的是团队型和层级型，其中团队型需要增加 12.6，层级型需要减少 11.4。创新型和市场型变化幅度不大，其中创新型需要增加 2，市场型需要减少 4.3；第二，标准差是个统计量，反映了每个人得分的离散程度。

该值越大，说明参与者看法越不统一。从表 5-2 来看，大家对某些文化类型得分之间的看法离散程度较大（突出表现在层级型的现状文化，以及团队型的目标文化等），迫切需要加强这方面的建设力度。另外，可以从表 5-2 看出，职能 2 组在团队型和创新型文化的目标文化上，和其他组的差异比较大，这和职能 2 组的特点有关系，他们主要是由中后台的职能中层管理人员组成，职能 1 组和企业的技术和业务更接近。

图 5-2 反映出：今后的企业文化建设应增加团队型的特点，减少层级型的特点，同时对市场型和创新型进行部分地调整。需要特别指出的是：增加和减少每一种企业文化类型，对于不同的企业，含义是不同的，需要通过集体讨论的方式来确认某种文化类型的变革对企业具体意味着要改变什么，不改变什么。例如，团队型的增加并不意味着放松对员工的管理，破坏企业已有的制度化管理。它的增加可能意味着在现有严格管理的基础上，增强上下级、平级或部门之间的沟通。

各个小组在对企业文化的现状和目标进行了热烈的讨论，讨论要点如下：

团队型方面的主要建议有：（1）继承公司值得发扬的传统，如艰苦奋斗精神；（2）建立沟通的渠道。渠道顺畅后，团队型企业文化自然增加；（3）充分发挥员工的潜能、尊重员工的创造，注意接受员工的合理化建议，及时承认员工的成功。同时充分发挥职代会的作用，讨论一些大事；（4）希望增加培训、学习的机会。学习型组织也是增加团队型企业文化的手段之一；（5）建立好的激励机制也能增加团队型企业文化。要分析各层次员工的需求，因层施药；（6）希望能让员工在工作目标的制订和实施中发挥更大的作用；（7）在目前强调内部竞争的同时，不能忽视协作。

层级型方面的主要建议有：（1）坚持和加强扁平化管理，减少中间环节，缩小干部队伍，强化考核。考核制度不能流于形式，要尽量量化；（2）目前的管理制度太多，应该加以清理，该废止的废止，该合并的合并。

应该简化管理环节，优化工作流程；（3）各级职责不清楚，造成事事交公司领导办。中层管理干部要敢于坚持自己的职责；（4）加强技术人员的等级管理，建立技术人员的职业发展道路；（5）公司领导应减小目前较重的层级观念。

大家认为N公司在建设创新型企业文化类型方面做得比较好的方面有：（1）体制和机制创新做得可以，要继续保持下去；（2）具体工作的持续改进过程做得好。需要进一步完善的方面有：（1）鼓励职工个人创新意识，以及鼓励工程实践，容许创新失败；（2）创新不仅限于技术创新，管理上、理念上都可以创新。创新要注意和市场结合，和企业的发展战略相结合；（3）继续加强技术研发力度，注重实效。专业室的设计方法应该创新；（4）应针对市场需求，打破企业内部不相适应的制度。职能部门要敢于吸收外界好的管理经验，特别是人事、财务管理经验；（5）研究技术发展趋势，积累信息，培养专业人才；（6）要建立鼓励创新的激励机制。例如建立鼓励创新的"风险基金"；（7）分析目前人才流失的原因。看看他们是不是主要因为创新型文化氛围不够而离开，以及具体的原因是什么。

参与者认为在建设市场型企业文化类型方面可以进一步改善的行动有：（1）要协调好市场经营。目前公司的市场经营比较分散，有时甚至出现几家分公司争一个项目的情况；（2）要注重个性化经营。目前业主的类型增多，个性化的问题不容忽视，必须解决好；（3）要灵活适应市场，包括如何去适应不规范的市场；（4）市场化的同时，要注重提高客户的满意度，提高产品和服务质量；（5）争取扩大国际化市场，追求市场的多元化（多区域、多行业）。同时要走出去，和全社会一流的企业比较、学习，不能仅限于行业内。

第 6 章

基本假设

美国管理学者埃德加·沙因认为文化具有三层次的结构，其中最深、最稳定的部分是基本假设。所谓基本假设，是指："由某个特定群体在学习解决外部适应和内部整合问题的过程中，总结、发现或创造出来的集体经验。由于运作良好而被认为是有效的，因此将其传播给新成员以作为正确感受、思考和理解这些问题的原则和方法。"

这个定义里面包括两个要点。第一，特别强调文化形成的历史，认为文化是一种沉淀下来的经验。有些企业有不少叫得响亮的口号，也有印刷精美的文化手册。但是，有些时候，越缺的东西，越被叫得响亮，而那些经过历史沉淀，大家觉得理所当然的东西，被叫得反倒没有那么响。第二，为什么文化能够成为共同默认的假设，而不仅仅限制在小部分人中？这是因为正如托尔斯泰所说"幸福的家庭都是相似的，而不幸的家庭各有各的不幸。"相对于失败的东西，成功的东西更容易获得共识。如果按照某种假设去做，运作良好，那么就会被越来越多人认为有效；如果被反复证明有效，就越来越少地被挑战，成为企业的历史经验，而且具有合法性。

沙因提出基本假设可以分成五个方面，包括：人与自然的关系、人性的假设、人与人的关系、现实和真理的本质、时间和空间的本质。虽然沙因在他的作品中，对这五个方面有过解读，但我感到还可以把这五个方面，讲得和企业管理以及生活体会更密切、深入一些。而且，沙因的解读，带有他本人美国文化背景和经验的局限性。我根据自己的文化背景和经验，尝试重新解读。

6.1 人与自然的关系

◉ **你认为一个人的成功，有多大比例是靠个人奋斗或努力？有多大比例是靠命运或机遇？**

不同文化对人与自然的关系有不同的假设。有些假设认为人可以支配自然，有些认为两者应该共生，有些认为人应该服从于自然。这种差异在不同的国家文化之间表现得最明显。例如，美国文化倾向于认为人可以支配自然，征服自然；中国文化认为人与自然应该和谐共生，讲究天人合一；印度文化倾向于认为人应该服从于自然，不苛求向外部世界索取，转而向人的内心探询人生哲理。

在管理学中，人与自然的关系，讲的其实是人、企业和环境的关系。企业如何看待自己和环境的关系，首先受到企业自身能力的影响。小的企业不敢奢求影响环境，甚至改变环境，小企业像是汪洋中的一叶轻舟，优势是船小好掉头，但随时可能被狂风巨浪吞噬掉。大企业就不一样了，会想着怎么给自己创造有利的环境。我曾参加某国有银行的高层会议，管理人员们讨论一个议题时，有人提议如何影响和引导银监会出台有利于他们的政策，这个是小企业不敢想的。

无论企业还是个人，发展到一定阶段，对于自己和环境的关系，有比较稳定的看法。有的相信爱拼才会赢，有的认为应该和环境契合，有的则倾向于顺应环境。如果我问读者，你今天的成就，有多少是个人奋斗或努力带来的？有多少是命运和机遇带来的呢？如果这两个部分加起来是百分之百，你会如何分配？你分配的结果其实反映出你对人和环境关系的基本假设，尤其是当你已经处于有了社会阅历的青壮年时期，基本假设大概已经比较稳定了。

不同人对这个问题的回答有区别,有时区别还很大。有人认为成就的80%是个人努力带来的,但也有人认为80%是机遇带来的。有一次,我遇见一位信佛的企业家,他认为自己事业的成功100%都是靠命运和机遇。他说,当年很多人和他一起办企业,这么多年下来,留下来的只有他,加上商海沉沉浮浮遇到的各种事情,如果不是命运和机遇,他实在想不出为什么自己如此幸运。

这个选择反映了你对人和环境之间关系的基本假设。它无关好与坏,无关对与错,但影响你如何看待这个世界,如何评价这个世界。它怎么来的呢?一方面,和遗传有关;另一方面,和人的成长经历有关,家庭、学校、工作、社会,你成长的过程,就是发现这个基本假设的过程。随着年龄的增长,人的基本假设定了型,就像船在停泊港口时抛下的锚。

年轻人大多倾向于认为自己能够影响环境,控制自己的命运。这是一个有利于社会发展的规律。如果学生们走向社会之前,就认为这是一个需要"拼爹、拼背景"的时代,那很多人可能会失去改变自己生活轨迹的信心和勇气。所幸的是,年轻人初生牛犊不怕虎,有活力、有朝气,花得起时间去发现自己的锚。

以我自己为例,我认为大概是60%靠个人努力,40%靠机遇,个人努力稍多一些。这和我的成长经历有关。第一,小时候受父母的影响。父母大学毕业被分配到某县城附近的一个国营厂,他们从去了以后,就打算工作调动回省城老家。但是,他们所处的20世纪70年代,调动工作很难,这一努力就是20年,我上大学了,家里如愿以偿回到了省城老家。还好,20年虽然长,但是最终成功了。如果努力以失败告终,说不定对我的影响就反过来了,我可能就倾向于认命了。第二,一路走下来,虽然有波折,但是并无大风大浪,基本是顺利的。所以,相信自己的成分就多一些。

为什么相信40%靠机遇呢?成长的过程伴随着成功和失败,我越来越感到，在这个过程中，如果没有贵人相助，关键节点上没有天时、地利、人和，再努力也白搭。孙悟空虽然神通广大，但也跳不出如来佛的掌心。我没有孙悟空那样的能力，所以更摆脱不了社会的条条框框的约束，只能在这些条条框框里面尽量想办法做得好一些、巧一些。到了现在这个年纪，我的基本假设也差不多定型了。不过，我在努力的过程中，心态一直不错，为什么呢？遇到挫折，我就想命里注定有此一劫，逃也逃不掉。如果获得一些成功，我认为这是自己在成长，面向未来就更有信心。

心理学里面有个概念，叫作控制焦点（locus of control），和我刚才讲的内容很相关。控制焦点的理论认为，有的人偏向于内控，认为自己可以掌控命运，能掌握自己的成长轨迹。有的人偏向于外控，认为自己需要顺应命运的安排。美国管理书籍反映出对内控的偏好。我在美国机场候机的时候，在机场书店看到过很多《如何成为……》的书籍，它们的潜台词一致，认为人可以塑造自己的未来，只要你努力，没有什么不可能。但是，我在国内见到有趣的差异，像一本很不错的书《海底捞你学不到》，我想书名如果直接翻译成英文，估计在美国销路不会好。为什么呢？美国读者会不理解，既然学不到，作者写这本书干什么？我曾经把冯友兰先生翻译的《庄子》送给我的美国合作者，其实书翻译得非常好，甚至比原文更容易理解，但我估计，他们很可能到现在也欣赏不了。因为《庄子》比较倾向于出世，鼓励顺应自然，发现自然之美，这些观点让从小接受内控教育的美国人难以理解。

控制焦点强调个体的差异性，作为一个文化研究者，我更看重群体形成的集体经验，就是群体的基本假设。例如，创业团队在一起创业，经历过一些事情以后，慢慢地，团队成员的集体经验就产生了，对企业和环境的关系会产生比较一致的看法。这种基本假设一旦形成，对企业有很深远的影响。

定位是企业和环境、人和环境关系中非常重要的一个话题。是定位在第一，还是第二，还是中偏上？是定位在哪个领域和区域的第一或其他？不同的定位，代表不同的活法。如果你的企业定位是通过赶超，成为国际上的行业领先者，那么你感到压力大、活得累是应该的，否则怎么做到领先者？

我国的商学院中使用的不少教材是舶来品，尤其是从美国舶来的，带有美国文化的理念。例如，做大做强，要有竞争力，几乎是商学院管理学教材的潜台词。可是我有一个企业家的朋友，想法不一样。他认为，论资金和实力，他没有办法和大企业去竞争做大做强，但他要把企业办得比别人活得长，至少活100年。我说那也了不起！他的想法符合《庄子》的思想，庄子告诫大家，要惜命。所以，我估计庄子要是活到今天，会替乔布斯感到惋惜。乔布斯是个完美主义者，所以太操心，他英年早逝，部分原因是累死的。乔布斯的名言"stay hungry, stay foolish"，按照他的原意，应该翻译成"永不满足，勇于探索"。可如果按照庄子的思想，应该翻译成"只吃七分饱，处世不计较"。我去过一家企业，墙上的标语是"不求第一，但不落后"。当时我感到诧异，因为我之前见过的很多企业，但凡有点规模，基本上提出的都是"国内领先，国际一流"之类的目标定位。通过和这家企业的负责人聊，我发现他是一个很有想法的人。他和我解释了为什么在他们所处的环境中，他的定位可能使企业走得更长远。

2007年我和太太去希腊的圣托里尼岛旅游。这个岛有两个镇子，一个是依亚镇，一个是飞亚镇。我们在依亚镇碰到一个小餐馆，发现味道很对东方人的胃口。我想，现在中国人来这个岛的人数越来越多，这是扩大经营规模的商机。我问老板在飞亚镇有没有分店，结果老板困惑地说，自打他的爷爷在这个镇开了这个店，他们从没有想过在其他的镇子开店。我观察他们的工作状态，的确节奏慢，中午休息时间很长。我当时的感觉是不够勤奋，没有商业头脑。现在经过文化研究的洗礼，我有了新的认识：这是他们选择的活法。我当时对他们的评判，其实是在拿自己的偏好去评价，虽然我现在仍然难以接受他们的生活状态，但也许，他们觉得自己的生活状态很幸福，也难以理解整天忙碌的生活状态。

企业不见得只有做大做强一种活法。如果有的企业，它的定位是满足一个利基市场，满足一个粉丝经济圈，做得好，也能活得长，而且会很有特色，员工也不见得都得像在做大做强的企业里那样，过着所谓把"女人当男人使，男人当牲口使"那样苦兮兮的生活。说大一点，我们活着为了什么？为了更多的钱？还是为了一些有意义（purpose）的事情？这个时代，应该让人们有更多自主地选择生活状态的权利。

我个人在这方面也有深刻的体验。我曾经设立一个学术目标，误认为那就是珠穆朗玛峰，觉得爬上去就是顶峰。结果爬到一多半，才发现山顶周围还有群峰林立。以前位置太低，看不到。当时的心理状态就不好，因为目标定得大而且高，所以一看见这架势，犯了焦虑症。当时觉得我立志是要爬一座 mountain（山），怎么上来才发现其实只不过是一个 hill（坡）啊？后来想明白了，自己的定位出现了偏差，还是大而宽泛。人生有限，绝大部分人能干好干精的事情其实只有一点点。定位准了，心态好了，也就不再那么焦虑了。

所以企业家对自己和企业的定位很重要，一旦定型，变成了锚，对企业的影响会很大。如果企业家是一个定位满足利基市场的人，而我们商学院的 MBA 们带着满满的做大做强的工具箱，去给他们出谋划策，多半会无功而返。我甚至觉得，企业家的人生定位才是企业战略的出发点，不了解他们的人生定位，战略策划这件事，一定做不好。对于企业家来说，所谓企业的战略，其实是他们的人生定位，包括使命、愿景和达成愿景的方式，在经营管理上的投射。所以，企业家的定位决定企业能到达的高度，企业家的人生素养决定企业文化的品位。

6.2 人性的假设

◉ **你认为人性本善，还是本恶？为什么？**

人性本善，还是本恶？这是个值得思考的问题。

企业的管理制度背后隐藏着对人性的假设。管理学中有两种对人性的基本假设。一种是 X 理论，类似于通常所说的人性本恶。这种观点认为，人生来就好逸恶劳，不可靠、不自律、不值得信任，有机会就会偷懒、钻空子。因此，管理应该采用严格的控制措施，防止人们偷懒。另一种是 Y 理论，类似于通常所说的人性本善。这种观点认为人值得信任，只要创造条件，人们能够自觉地工作。因此，在管理中，应该注重创造好的外部条件，发挥出人的自觉性。

我在讲课时，有时候问来自企业的中高层管理者们一个问题：人性本善还是本恶？一般来说，有 2/3 甚至更多的学员会认为人性本善，说明在我们国家，相信人性本善相对多一些，或者严格地说，起码在公开场合宣称自己相信人性本善的管理者相对多一些。我没有问过美国管理者们这个问题，但由于基督教的教义认为人生来有罪，所以我猜测他们相信人性本恶的比例，应该比中国文化下的管理者更高。还有的人说，这个问题回答不了，因为人性是复杂的。其实，我也知道人性复杂，但每个人遇到关键决策的时候，还是能表现出相信人性本善还是本恶的倾向性。如果一个管理者相信人性本恶，那么即使管理研发最新科技产品的队伍，也不由自主地想装上指纹打卡机，或者刷脸考勤机。

我的看法是，要回答这个问题，首先看你怎么定义"本"。如果本指的是人类的生物性本源，我倾向于人类追根溯源是本私的。私，本身并不带有贬义。所谓私，表现在保全自己，繁衍后代，以及少付出、多得到。英国生物科普学家理查德·道金斯著有一本名为《自私的基因》的书，主要观点是：所有的生物在基因这个层面上，都是自私的。基因不会思考，基因在环境中存在的目的，就是把自己更多地复制出去。我觉得这是有道理的。从生物本能上来说，人可能是自私的，主要体现在保全自己，以及尽可能用小的付出获得大的回报。

作为一个文化研究者，我更看重人的社会意义。人不光具有生物性的本源，人之所以为人，更多是因为人是社会性的存在，社会赋予了人类生活的意义。善与恶并不是生物性的本源，而是社会性的道德标准，是通过社会的演化形成的，但对一个人的影响巨大。这么看来，善与恶本身不是自然规律，本质上是一种信仰。

心理学里面有一种现象，叫作"皮格马利翁"现象。这原本是个传说，讲的是一个名叫皮格马利翁的雕塑家，雕了一个美女像，深深地爱上了她，最终感动神，美女变成了真人，嫁给了他。至于嫁了以后怎么样，故事没有再讲下去，大家只能自己脑补。这种现象在心理学上更准确的术语，叫作自我实现预言，是指人们基于对某种情境的知觉而形成的期望或预言，会使该情境产生适应这一期望或预言的效应。通俗地说，你期望什么，就会得到什么。只要充满自信地期待，只要真的相信事情会顺利进行，事情往往会顺利进行；相反，如果你相信事情将不断地受到阻力，这些阻力往往真的产生。

我喜欢这个故事，因为它反映了一个深刻的道理：信仰影响我们对什么是现实的感知，信仰决定着社会现实。在社会中，人们倾向于相信人性本善还是本恶，其实是一种群体性的自我实现预言。如果一个人在善的环境下成长，往往越来越多地表现出善的行为。相反，一个人在恶的环境下成长，往往越来越多地表现出恶的行为。

因此，尽管人有自私的生物性，但组织应该提供一个鼓励人们向善的环境。换言之，在有可能的情况下，组织应该采用持续不断的思想教育和基于Y理论的管理制度来引导人、激励人。我曾经在一家企业的接待大厅遇到一个无人值守的小超市，员工们谁都可以去拿想要的东西，然后自觉把钱放到一个有机玻璃缸内，另外在一个本子上自己记账。我参观完了很感慨：这是一个很好的试验田，搞得好，能把人善的一面激发出来，有利于工作中的管理。

一些相信人性本恶的管理者找到很多例子证明，大部分员工人性本恶。其实在我看来，好多行为并不是天生的，更有可能是基于人性本恶的管理制度激发出来的。有人说，制度不是为了防范好人，而是为了防范坏人。尽管坏人很少，例如只占2%，但是也需要防范。这种说法似乎有道理，但制度到底是为98%的好人制定的，还是为2%的坏人制定的？就算制定了条文，就真正能防止那2%的坏人吗？成本能接受吗？怎样从源头来防止这2%呢？这些问题发人深省。

按照德鲁克的说法，企业归根结底就是经营两件事：客户和员工。我认为，管理制度是手段和工具，组织中人的全面发展才是管理希望达到的目标。因此，思想教育和建立基于Y理论的制度很重要。如果人的素质不提高，不自律，制度只会越来越多，越来越形式化，管理成本只会越来越大。我读到过这么一则故事，讲的是一个新员工入职后，某天需要打印一份重要文件给老板。这家企业很讲究成本控制，规定必须节约用纸，所以要尽量用打印过一面的纸。节约本身没有错。可是那天这个新员工找不到用过的纸，而且事情紧急，就用了新的打印纸。老板认为新人不懂得节约，就严厉地批评了这个员工，还不给员工申辩的机会。这个新员工很郁闷，找老员工们吐槽，老员工们一听就乐了，给这个新员工支招，说以后遇到这种事，先把新纸一面随便打点东西，然后再用，就什么事没有了。老员工们说，他们嫌麻烦的时候，都是这么干的，老板从未发现过。

企业的运行需要员工按照规矩工作。规矩怎么形成？一开始需要靠制度，可如果只有制度没有教化，尤其只有建立在人性本恶基础之上的制度，员工即使表现出企业期望的行为，也不是自觉自愿的，行为不能稳定、持久，员工和企业之间甚至会形成一种糟糕的博弈关系。道高一尺，魔高一丈，企业不断推制度，员工不断想办法钻空子，绕过制度，陷入一个恶性循环的怪圈，管理成本越来越大。不少企业的绩效管理就陷入了这么一个怪圈，管理成本大，真正的效果却很小。

当然，人的素质提高是一个缓慢的过程。如果员工素质普遍偏低，一开始的严格管理完全必要。但是，如果因此忽略了良好的价值观的培养，轻视思想教育和素质提升，管理迟早会走入过度制度化、工具化的死胡同。

我在课堂教学讨论中发现一个规律，那些曾经在基于 Y 理论的组织中工作过的学生，往往对采用 Y 理论的管理制度和方式更有信心。相反，那些一直在基于 X 理论的组织中工作过的学生，往往对采用 Y 理论的管理制度和方式持有怀疑态度，认为这些方法过于天真。例如，有些学生说自己所在的企业对报销管得松，基本流程是自己提交，网上进行，上级很少花时间一张张去审阅。一些学生觉得难以置信，认为如此做法，岂不是给员工多报销的机会？因为这些学生所在的企业，报销流程非常严格，层层签字把关，即使这样还有漏洞。这样的观点差异，根本的原因在于对人性的假设不同。那些报销管得松的企业，充分相信人的自律性，但特别需要注意的是，这些企业也会加上一条：不能作假。如果一旦发现作假，则按开除处理。这样的做法通过鼓励向善的价值观，辅之以对破坏价值观者的高压线约束，使得管理制度得以简化，往往更有效、更持久。

中国传统的儒家文化强调人性本善，这给中国企业实施基于 Y 理论的管理提供了文化土壤。企业应该坚持以思想教育和基于 Y 理论的管理制度为主，形成鼓励向善的组织文化。这种管理方式关键之处在于管理者对于 Y 理论的坚持，随着员工素质的提高，Y 理论的管理方式能激发出更多自觉自律的行为。美国发展心理学家迈克尔·托马塞洛通过大量的研究发现，人类儿童的天性中存在合作、利他的成分，正是这种成分使得人和人之间能够形成联合和共享意图，进而发展出集体的文化，并用文化规范自我的行为。

6.3 人与人的关系

◉ 你喜欢紧密的人际关系，还是宽松的人际关系？

劳动创造人与人之间的联系。现代社会通过高度发达的劳动分工与合作，使得人与人处在一个相互依存的系统中。但是，这种相互依存的紧密程度，存在文化差异。

荷兰文化学家霍夫斯泰德认为，人和人之间的联系可以划分为个体主义和集体主义两大类，这个观点在跨（国家、民族）文化研究和实践中很有指导意义。什么是个体主义呢？最核心的特征是独立自主，通俗点说，个体主义是"为了自己活和活给自己看"。什么是集体主义呢？最核心的特征是相互依赖，通俗点说，集体主义是"为了他人活和活给他人看"。

大家注意，个体主义是个体主义，不是个人主义。个体主义的核心理念是独立自主，而个人主义就不一样。个人主义和个人本位、自私自利相关。集体主义是指在一个集体中，人们之间相互依赖，但这种依赖关系并不一定能形成有效的团队。个体之间靠什么联系呢？一些社会靠宗教信仰，例如大家共同相信基督教，每个信徒都是神的一个子民。在中国，人和人的联系并没有依赖出世的宗教，而是建立在强调入世的儒家文化基础之上，现实地存在于社会中。

个体主义在美国文化中是非常重要的一个特征。我在美国做访问学者期间，曾经在公共小巴上向一位年纪大的老人让座，结果他似乎不开心，并不领情。后来我明白了，我的行为在我的文化体系中是表示尊重老人，可是美国老人不服老，认为自己能行，并不需要其他人的照顾。另外，当我在美国第一次听到"孩子不是你的，只是上帝寄存在你们家的礼物"这样的说法时，我也诧异过。后来慢慢理解了这句话，对个体主义的本质有了更深的认识。特别需要指出的是，有些人把个体主义和个人主义搞混了，完全等价了，标榜自己是个体主义，其实是个人主义，打着个体主义的旗号行一己之私，精华没有学到，糟粕倒是学得又快又好。还有一些人本质是个人主义，需要别人帮忙的时候，换上集体主义的面具，到了分配利益和声誉的时候，撕下面具，为自己争权夺利。

集体主义的表现也不相同。例如，同是东亚文化圈的中国、韩国和日本，尽管都是集体主义比较盛行的地方，但这些国家人们的行为表现还不一样。与中国人相比，日本人表现出的团队特征要强烈得多。我很早以前听过一个段子，描述了中日韩三国人在国际机场的不同表现。段子讲，虽然这三个国家的人都容易扎堆，但是他们的行为表现有差异：一群日本人在一起，往往是一个人小声说，其他的人先静静听，然后逐次发表意见；一群韩国人在一起，往往是大家都说，没有什么次序，而且嗓门通常比日本人大；一群中国人在一起，往往也是大声同时说话，但有趣的是，中国人说话的同时，注意力不光是在群体讨论上，还四下里东张西望。我觉得这个段子挺形象的，日本人表现的是一个团队，个人完全从属于集体；中国人表现出是一个集体，但不是一个团队，个人一方面属于集体，但是另一方面又给自己保留了相当的余地，可进可退。

相互依赖需要关系。虽然个体主义是美国文化的主流，但作为社会人，美国人也要和人交往。美国人通常会用"联络"（networking）这个词，主要包括：多和不同人攀谈、创造机会多让自己曝光、在社交场合表现自己的才华等，比较直接。中国人建立、使用和运作关系的方式有自己的文化特色，主要包括两个方面：第一是寻找和建立共同经历，例如，同乡、同学、同事、战友等，或者是共同认识的人，这是关系的基础。

而且，如果这个共同经历越具有排他性，越具有关系建立的价值。关于这方面，有句顺口溜说得很形象，大概是"一起扛过枪"什么的。因为在一起扛过枪不容易，所以这个经历非常有利于建立关系。运作关系基础的高级境界，是以前并没有共同经历，却能设法创造出排他性的共同经历。第二是建立人情往来。这里面的核心是要懂得"欠"人情，而且是相互欠，欠出历史感最好，不欠就谈不上深交。中国人的关系是在你来我往，你给我一个恩惠，我给你一个恩惠，甚至是刻意计算不清的情形下发展起来的。如果正常的礼尚往来中，有人给你送礼，而且这个人是你的关系，或者你愿意和这个人建立关系，你大概会收下，但不会马上还礼。可是如果你不愿意和这个人发展关系，你大概首先会推辞，推不掉，那就马上甚至当场还等价的礼。你发出的这个拒绝信号，送礼的人也心知肚明。《红楼梦》里面有很多关于礼尚往来的人际交往艺术，是目前绝大部分的《管理学》或《组织行为学》书籍里面找不到的。

　　这种相互依赖的关系，是中国文化的基本假设，是根。可是当下的社会有一种倾向，就是把关系功利化、工具化了。我觉得这种倾向把关系这个概念搞得格调低了，甚至滋生腐败，使得大家谈起关系，有很多负面的联想。其实，儒家传统文化讲人情、关系，主要指的是人与人之间的感情，正常的礼尚往来。工具化的作用虽然也重要，但不是主要目的，是派生出来的。把关系简化为一种利益交换的工具，是把工具化的作用抬得太高了，是本末倒置。有些人认为关系的工具化功能是本质，并觉得自己看问题很深刻，但其实这样的观点不符合儒家文化，从根上就南辕北辙了。工具化为主的关系更像是在个人主义的内核外，包装了集体主义的行为表现。

　　人和人之间要相互依赖，就要讲义务，否则这种相互依赖就难以为继。和你有关系的人来找你帮忙，你就有义务帮忙，履行义务免不了有各种付出。集体主义下的人为什么会付出？我觉得有两个原因。第一是道义，是指如果你和这个人有某种关系基础，那么根据儒家的道德义务，你应该帮助这个人。第二是人情，是指如果你和这个人过去有过人情往来，甚至是间接的往来，例如，你的父母和这个人有过人情往来，那么根据互惠原则，你也应该帮助这个人。请大家注意，这里讲的是应该不应该，不是值不值。如果你用值不值作为主要的决策标准，来衡量是否帮助这个人，那你已经不再用基于集体主义的基本假设了。不过，这种义务需要连续不断的人际往来做维系，所以集体主义特征明显的地区，也是人员流动低的地区。如果人员流动性高，那么讲义务就会变得困难，主要的一个原因是如果流动性高，那么不履行义务受到的社会惩罚就少。即使有些人不按规矩来，坏了名声，这些人可以换个地方继续不按规矩来。相反，如果人员流动性低，大家抬头不见低头见，有人不按规矩来，这个人的声誉就会降低，坏名声很快在其他人中间传播，从而形成一种强大的约束机制。因此，要鼓励大家讲义务，一方面要赞美好的社会声誉，另一方面对坏名声要做出惩罚。

  关系不利于建立抽象的类别概念。中国人的关系从本质上说，是人和人之间带有特殊性的联结。你也许和一群人都有关系，但关系性质是不一样的，有差异，有亲疏之别，远近之别，就像费孝通先生所说的水波的"涟漪"，关系是一圈圈展开去的。而你和那些没有关系的人呢，就更缺乏一种普遍的心理联系了，没有关系，合作就会很困难，不利于现代组织的建立。我国大多数家族企业中，没有忠诚就没有信任，忠诚是第一要素。家庭企业通常认为哪些人忠诚呢？亲戚。但是，亲戚网络中出现有才干的人的比例是非常受限的，所以很多家族企业做不大。什么是类别概念呢？例如，工人阶级就是一个类别概念，共产党员是个类别的概念，销售、技术、生产，这些都是类别的概念。类别比关系抽象，但有普遍意义。全世界工人阶级团结起来！有困难共产党员们先上！这些话调动的是一个类别，这个类别可以做得很大。而如果说全国的亲戚朋友们团结起来！能团结多少人？能和类别组织起来的力量去较量吗？

所以关系是有局限性的。我认为中国企业的发展，尤其是家族企业的发展，不仅需要关系概念，还需要有类别的概念。老板不能把自己和企业等价，变成企业内的土皇帝。企业内只讲对老板私人的忠诚有局限性，这种局限性会在企业扩张的时期变得非常明显。员工更应该忠诚于事业，或者更准确地说是应该认同企业的目标和追求的事业。老板需要做的，是建立具有普遍意义的企业制度和文化体系。

总体来说，我喜欢集体主义文化下，重视人与人之间的感情的那部分。通俗点说，就是觉得社会有人情味。集体主义有没有什么是我不喜欢的？有，例如承担过多的义务，过分重视活给他人看等。我虽然成长在集体主义的社会环境中，但内心对独立自主有偏好，所以和社会平均水平相比，我不喜欢欠人情债。虽然人情往来免不了，但最好少一点。我对打着集体主义幌子，破坏个人独立自主的事情敏感而警惕，尤其对于唱着高调，欺骗、愚弄和操纵他人，甚至牺牲他人，满足一己之私，或者一个小群体之私的行为感到反感。

社会的巨变对集体主义文化中精华部分的延续造成了困难。有一个段子，讲的是一个年轻人，因为不断地需要向结婚的朋友们随礼，受不了，所以他用了一些白条，上面打印着"兹证明此为结婚礼金券，以后本人结婚时，请使用该券"，然后他用这些自创的礼金券去随礼。我想这个段子包含两个意思：第一，现在社会的变化，使得传统的一些"礼"的确对人造成了一定的约束，甚至是烦恼；第二，这个年轻人对礼金的文化含义，可能并不真正理解，更谈不上认同了。他真这么干，估计他大部分的朋友接受不了。

过分重视活给他人看，生活会变得很累。有一个美国朋友告诉我，他喜欢钓鱼，而且是一个人去钓鱼，钓完了再放掉，一钓一整天，自己很快乐。我觉得多数中国人可能很难从他的行为中获得乐趣。不是说钓鱼没有乐趣，而是指自己钓鱼玩，还不把钓上的鱼拿回来吃，或作为礼物馈赠，这件事对于很多同胞来说很无趣。为什么呢？第一，不吃鱼干吗钓鱼？第二，大家在一起钓，众乐乐。独自一人，不拍照也不发朋友圈，乐给谁看？虽然我讲的是一件生活中的小事情，但其实有普遍意义。有不少人活着是为了孩子，为了父母。工作时间长，但自己并不喜欢，而是为了挣钱养家，挣多了获得大家羡慕，更有面子，一辈子为了关系而活着，很累。随着经济条件的改善，我希望有越来越多的人开始注重自己的生活感受，而不被关系过分左右。例如，希望有更多的人在用微信发朋友圈时，晒各种成功和幸福不是为了让人羡慕，不是为了增加自己的关系价值，而是和别人分享自己单纯的快乐。

个体主义和集体主义，是两种生活的方式，各有各的开心，各有各的烦恼。我国有一家知名的房地产公司，倡导个体主义。我很欣赏这家公司对文化有深入的分析，独特的思考，和生动的诠释。同时，我有点担心这家公司在倡导个体主义的道路上能走多久，毕竟基本假设和行为规范不一样，不是说变就能变的。在集体主义的土地上出生和成长起来的人，坚持个体主义很难。有时虽然行为变了，但内核没有变，也挺痛苦和纠结的。另外，需要警惕个人主义而不是个体主义的风险。

我们应该顺着文化来发展和变革，别把所有的文化遗产都看成历史包袱。历史是我们无法选择的，既然给了这个历史，我们就想办法用好它。例如，可以从关系的传统中开发优势和力量。我前面讲到，关系第一需要基础，如果过去是血缘、地缘等构成基础，现在能不能以校友、同事等构成基础，能不能以共同的目标和价值观构成基础？尤其是后者，能够突破关系的规模限制，变成拥有共同目标和价值观的一类人，一群人，这样的力量很大。关系第二需要人情。需要特别注意，不能再把人情关系庸俗化、功利化。另外，过去靠礼物往来，靠个人恩惠，现在企业能不能利用我们文化遗产中人和人之间重感情的优势？我相信互惠原则是人类社会的一条普遍原则，尤其在中国社会中更是重要的文化传统。企业如果关爱员工，就应该有信心员工会报答企业。这是简单而有力的道理，如果把人与人之间感情的力量搞丢了，那我们亏大了。

6.4　现实和真理的本质

◉ **你如何确认你相信的东西是真实的？你做决策的根本依据是什么？**

现实和真理从何而来？这是哲学家们最热衷讨论的问题。社会现实和物理世界不一样，很多观念是人为建构的，被一个社会普遍接受的观念就成为现实。德国社会学家齐美尔认为，人们的生活是内容，创造出来的观念和文化是形式，但形式一旦创造出来，会相对独立地运行，甚至反过来制约人们的生活。企业文化也一样，它来源于企业经营和管理实践活动，本来是鲜活的、流动的，时间一长，一些经验积累下来，变成了历史沉淀，构成了文化的核心。本来文化的内容和形式是一体的，但随着时间的推移，文化的形式会越来越丰富和精细。如果没有言传身教，鲜活的内容容易被后来的员工淡忘掉。形式变成了某种真理，原本的内容倒被人遗忘了。

宗教把神放在至高无上的位置，一切皆神创造，真理也不例外。哲学家们呢，有些偏向于演绎的观点，从人所谓天生的理性出发，构建逻辑体系，如早期的柏拉图，和近代的笛卡儿。柏拉图认为，人们的脑子里面天生存在各种事物完美的原型，例如马，而人们在现实生活中见到的各种马都是这个原型的具体化。至于这个原型怎么来的，柏拉图有些语焉不详，所以我不太能接受他的观点。笛卡儿最有名的话是"我思故我在"。按照他的说法，一切都可能不真实，但是人唯一能确认的是对自己的怀疑。所以，人无法否认自己的存在，因为当人否认、怀疑时，就已经存在。现在的烧脑电影很多，像《黑客帝国》《盗梦空间》，搞得人对自己的存在有怀疑。我的孩子小时候看完《黑客帝国》后问我，我们真的生活在幻想中吗？我们真的存在吗？我说，你能怀疑自己的存在，就证明你是存在的。

有些哲学家偏向于归纳的观点，从经验观察中发现规律。例如，洛克、休谟等人。实际上，现代科学的启蒙是从归纳法开始的。达尔文关于生物进化的思想，大部分是基于他的观察和实践，是从经验中萌发、雕琢出来的理论。我曾经非常喜欢休谟的观点，可休谟自己也说，归纳的问题在于，你永远不确定自己归纳出来的是不是真理。例如，我们观察到了1000只天鹅都是白的，也只能暂时下结论说天鹅是白的，但一只黑天鹅的出现，就足以颠覆我们好不容易通过归纳总结来的规律。所以，在归纳基础上发展起来的科学也是这样，严格意义上讲，科学理论都不能说被证实过，只能说还没有被证伪过。如果被证伪了，那么大家就需要更普遍的一个理论出现。在科学领域里，所有还被大家认为有效的理论，本质上都是经受过很多次检验，暂时没有被证伪的假说而已。

科学的一个基本特征是，无论是谁提出的观点，需要留下让别人检验你对不对的可能性。比方说，你认为在北方成长起来的人更适合干生产，在南方沿海地区成长起来的人更适合干营销。这个说法是可以检验的。可是如果你说，管理需要遵循中庸之道，这个就难以检验了。另外，大家尤其需要小心套套逻辑，这是一种混淆因果关系的修辞学，直白点说就是大忽悠。例如，有人提倡企业需要建立高绩效文化，这个话就不清楚。你绩效差，他说你没有文化。你说我有文化啊，他说你没有建立高绩效文化。什么时候是高绩效文化呢？他说，你搞得好，就是有；搞得不好，就是没有，这个就是套套逻辑，有时能把人忽悠迷糊，但其实没有什么用。心理学的鼻祖弗洛伊德是很伟大的一个人物，可是他的学说，严格意义上来说不是现代意义上的科学。可能很多人知道，弗洛伊德是用性的观点解释很多事情，有个挺有趣的段子说，如果你不舒服，去找弗洛伊德的学生们，他们会说，你这是性压抑。你说我没有啊，他们会说，你有，只是压抑时间太长，不敢勇于面对罢了。

真理从哪里来的呢？是像笛卡儿他们说的，从内部的理性思考得来？还是像休谟他们说的，从对外部世界的观察得来？有人说，是从两者的互动中来的。真理是在归纳和演绎之间，反复地观察、检验出现的。所谓从实践中来，经过思考、提炼，再回到实践中去。对企业来说，真理怎么来呢？需要先从经验中学习，然后总结、提炼，再回到实践中去检验。

我现在比较接受哲学家康德的说法，他试图调和理性和感性。根据他在学术后期的观点，真理来自于对理性和感性的超越。通俗点说，真理来自于打通主观和客观两个世界后的那个交叉地带。真理，尤其是社会真理，当然包括管理中的真理，是超越理性和感性的。怎么超越呢？要靠对美的追求，因为美是连接主观和客观世界的桥梁。康德非常看重普遍性，认为越具有普遍意义的观念和理论，越是真理。所以如果康德在世，肯定不认为加班文化是真理，狼文化也不是真理。为什么呢？不具有普遍意义。我曾经多次听在海外工作的中资企业管理者说，虽然海外中资企业也有加班文化，但基本上限于中国员工，很难让当地员工接受，因此当地员工很少受加班文化的影响。

讲到这里，我介绍了真理的三个来源：宗教、权威和科学。在介绍权威的时候，主要介绍了哲学家对真理的影响。不过权威不限于哲学家，还有很多人，例如微博上的大V、知名企业家等，也是各自领域的权威。在有的企业中，老板可能就是真理的主要来源。为什么说是来源，而不是真理本身呢？因为要想成为真理，还需要实践的检验。我知道有一家保健品企业，老板在企业里建立了一种"拿下"文化。什么是拿下文化呢？你和他的想法不一致，你就被从职位上拿下。这个文化的核心是老板永远是对的，老板变成真理的化身，他是真理，真理也是他。作为给这位老板打工的所有人，核心职责是去证明老板说的都是真理，而不是质疑老板，而且谁的证明过程水平高超、不落俗套，谁就能得到晋升和重用。可是市场不买账，这家企业因为老板的决策失误而高台跳水，最终倒闭。

　　真理需要通过实践来检验。这里面关键的问题是，我们怎么通过实践，知道接近真理了呢？在管理决策中，人们常用两种逻辑来接近真理，一种是效用分析的逻辑，另一种是正当性的逻辑。

　　有人会说，结果好，说明遵循的理念和方法就是真理。这句话有一定道理，起码结果好比结果差，更能说明你正在接近真理，尤其是反复出现好的结果，那就似乎更有说服力。可是什么是结果好呢？对谁好？对谁不好？评价标准是不是单一了？评价时间框架是不是太短了？如果用多个维度来看结果，或者拉长时间来看结果，你可能发现好的不再是好的，起码不像当初认为的那么好。例如：钱赚到了、身体垮了、家庭破裂了、人心散了，是好还是不好？GDP上去了，环境被破坏了，人们戴着防毒面具呼吸，吃饭、喝水怕被毒死，这个结果是好还是不好？起码没有当初想的那么好。

　　那什么是结果好？经济学告诉人们，效用最大化是好的。所以，当人们决策的时候，需要根据问题找到备选方案，然后判断每个方案实现的概率，以及每个方案实现后对我们的价值，以及实现这个方案的成本。每个方案的效价等于价值先减去成本，然后乘以概率。人们需要做的，是选择最大效价的那个方案。

　　效用分析的逻辑是个清晰的逻辑，在经济学的框架内有道理，没有问题。而且它具有普遍意义，付出少点，得到多点，大概是人作为智慧生物的本性，尤其是在不妨碍他人的情况下。根据康德的普遍性原理，这个逻辑接近于真理。可是这个逻辑里面隐含着一个假设，就是人的价值偏好（preference）是清晰的、不变的。但是，人的价值偏好并不是不变的，是变化的，有的变化还很大。你赚到100元，和你损失100元，给你的心理造成的影响不一样吧？对大多数人来说，损失100元的心理影响显得更大。今天你觉得赚钱是最有价值的，将来你可能觉得健康才是最有价值的。今天客户觉得便宜是最有价值的，将来可能觉得有特色、质量过硬才是最有价值的。把这些因素考虑进来，你只能说，我的决策是目前看来最有价值的，有可能等到方案实现的时候，并不是最有价值的。另外，在面对一些新生事物的时候，人的价值偏好往往是模糊的，不那么清晰。例如，有几个钢琴家从小就对钢琴天生着迷？可能有，但是我估计不多。大部分的钢琴家对钢琴的爱好是练出来的。走进画廊，别人问你，你喜欢什么流派？如果你是新手，而且也并没有特别的偏好，你有可能刚好想起来最近看了一本凡·高的画册，于是就推测自己喜欢的是凡·高。

而且，对谁好？在资源有限的情况下，一个方案往往对某些人好，对某些人不好。当然，最理想的情况是共同做大"蛋糕"。可是更多情况下，效用分析其实是偏向于本位的，每个人、每个群体有自己的小九九，他们的选择都是最有利于自己的。组织成为不同利益集团政治博弈的场所。这样的博弈，有利于力量大的个体和集团，但可能不利于作为一个整体的组织，不利于管理。

如果效用分析的逻辑有缺陷，还能有什么逻辑？

还有一种是正当性的逻辑。它和效用分析的逻辑不同，效用分析关心的是值不值，遇到选择的时候，效用分析要问，这么做值吗？有利吗？正当性逻辑讲的是该不该，遇到选择的时候，正当性分析要问，这么做应该吗？符合要求吗？

正当性逻辑在哪里体现呢？在传统、习俗、惯例、制度、身份、道德、伦理中体现得最明显。例如，在我们的文化中，人情往来是被期望的，别人招待过你，你却没有表示，这就不应该了。"己所不欲，勿施于人"，这是一个关于正当性的要求。儒家传统提倡人和人相处的时候，要有仁有义。没有仁义道德，社会就会混乱。仁义，尤其是仁，即爱他人，是儒家文化的核心。这种对爱的重视，具有世界范围内的普遍意义。再比如人情往来中的互惠法则，也具有世界范围内的普遍意义。所以，爱和互惠接近于真理。

和效用分析重视人的认知不同，儒家文化的观念是从人和人的情感中，尤其是从爱这个核心中，发展出来的。爱是人作为人最基本的情感。基督教也讲爱，讲上帝对人的爱，而人常常背叛，所以就有罪。儒家讲爱，是人世间的爱，首先从孝敬父母开始，延展到整个社会，背叛爱，会让人感到羞耻、羞愧，良心受谴责。

爱和责任、付出紧密联系在一起。人因为爱子女，所以在子女未成年以前，对他们有自然而然的责任感。人如果爱父母，就会在父母年迈体弱之时，自然承担起赡养父母的责任。爱越深，责任越大，越能付出，能承受的担子越重。延伸一步说，爱是力量的源泉。人们越爱自己的子女，就越能花心思、精力和金钱去教育他们，容忍他们在成长中的叛逆和犯下的错误。人们越爱自己的父母，就越能摆脱"久病床前无孝子"的俗语。企业家办企业，需要做到心中有爱，关爱客户，关爱员工，关爱社会。对于一般员工来说，对社会的爱表现在对他人的信任和关心上。只爱自己，不爱他人，是一种严重的人格缺陷。

有人会说了，经济组织讲什么伦理道德？对于经济组织来说，赚到钱，多赚钱才是真理。不错，赚钱是经济组织的重要目标，但经济嵌入在社会中，想赚钱，却不考虑社会的因素，例如约定俗成的道德准则，多半是欲速则不达，或者难以持久。相反，对道德准则有感悟的人，会顺着这些准则来经营企业。韩国企业家李秉哲说："企业家是企划事业的专家。与社会有益的事宜，必然得到社会的认同和回报，这就是企业的利润……从一开始就只把赚钱作为目标是不能成就事业的，于世有益的必要事业，必然会繁荣兴旺，事业繁荣兴旺起来，钱自然就会赚到手。"我打个比方，以企业为本位的是地心说，先利他后利己，先达人后达己，是日心说。这个世界不是围着你个人转的，这个社会不是以你为中心的，日心说比地心说，更接近真理。

在企业管理中，重视和倡导道德伦理的力量非常重要。伦理道德强大的地方，就是塑造人们的价值观。目标一致，价值观积极向上，是非常强大的力量。"上下同欲者胜""二人同心，其利断金"，说的就是这个道理。

我们现阶段的企业管理中，效用分析逻辑多了，正当性逻辑被冲淡了。为什么呢？因为大家在直观上，觉得效用分析逻辑比正当性逻辑有用。其实我们传统文化中，正当性逻辑不只是提升人们精神境界的摆设，不只是花架子，而且讲究实用。儒家是非常讲究积极入世的，修身、齐家、治国、平天下，这目标多高啊。人们从历史经验中总结出："半部论语治天下。"这说明儒家正当性逻辑的威力挺大的，千万不可小看。全世界范围内，欧洲因为有长时期的宗教和古典哲学影响，所以它的道德实用性相对少一些，宗教味道浓厚。美国国家历史不长，而且受杜威等实用主义哲学影响大，所以在它的社会中，功利实用主义深入人心。我们国家的儒家传统本来是道德实用主义，即道德和实用性并重，以德为先，但这些年在社会快速变革中，功利实用主义在抬头。

有人也许会说，正当性逻辑的本质是什么？还不是通过效用分析推导出来的？所以，他们认为，效用分析逻辑是本质。有的社会科学家们试图在个体效用最大化的基础上，推导道德的起源。例如，通过博弈论来论证人和人为什么会合作。我的观点是，这两个逻辑不是一个路子，而是关于真理的两种基本假设，相互不可以替代。从效用分析出发推导伦理道德的起源，是个死胡同，到最后是自圆其说。如果一个人坚信效用分析的逻辑，那他看待这个世界的时候，就已经戴着效用分析的有色眼镜去看了。就算一个人捐了450亿美元，在效用分析者来看，也不是慈善，而是为了逃税。

正当性逻辑有没有缺陷？也有。我感到最大的缺陷是运行一段时间之后，常常过于形式化，甚至异化。人们会忘记传统的内容，只记住传统的形式，实践起来就容易走样。所以正当性逻辑需要一代代之间的言传身教，需要老带新，同时也需要有鲜活的新内容来充实、丰富它，否则就会变得僵化、教条。很多企业的文化，在创始人带领企业达到业绩顶峰时，是最活跃的、最有力的，等到老一辈卸任，新人只是通过制度和流程来理解和感受企业文化时，就容易走样了。例如，摩托罗拉公司的创始人加尔文提倡在公司中尊重个体，他的名言是"对每一个人都要保持不变的尊重"。这个文化的本意是尊重员工的独立性、价值，倡导公平透明的工作环境，是值得肯定的。但是，到了后期，这一条走了样，人们拿它作为拒绝变革和工作的托词和借口，搞得摩托罗拉效率低下，变成了一家平庸的公司。

我近些年体会到，如果说效用分析是求真，正当性是求善，似乎还缺少一块，缺什么呢？缺的是求美。什么是美呢？我比较接受的说法是，和人没有直接的利害关系，却能给人带来一种普遍的愉悦感的事物或观念。在美学思想方面，我受哲学家康德的影响较大。美不是少数人的特权，也不只是阳春白雪，美就在生活中，就在我们身边。例如，当人们见到九寨沟、青海湖等景色时，尽管社会、经济、文化背景可能不同，但都会从内心产生"好美"的直观感受。不过，对于景点的工作人员和导游来说，接待或带领游客参观游览是一种工作，往往没有心情欣赏景色，所以感受可能就变了，甚至觉得平淡无奇。

美的事物能在懂得欣赏它的人群之中激发起普遍的愉悦感。不过，尽管美作为一种直观感受是普遍存在的，但欣赏美的能力是不同的。按照法国社会学家布尔迪厄的观点，这种欣赏能力就是品位（taste），主要由一个人的出身和教育决定。壮观的自然景观能在普罗大众的心目中激发起美感，并不需要太高的品位。当然，爱好诗词的人能用更艺术化的语言来表达出这种美感，而一般的大众只是感慨"好美"。当人们欣赏艺术作品时，品位的差异就表现出来了。例如，有些人看画作的时候，按照"像不像真的"来判断好看不好看，而有些人则能欣赏抽象的作品，对高度形式化的美感产生共鸣。

求美对企业的意义在哪里？我觉得在创新方面尤其体现得明显。无论是效用分析逻辑还是正当性逻辑，本质上是不太鼓励创新的。创新需要面对不确定和模糊，有风险，如果靠效用分析，往往倾向于保守，所谓"一鸟在手胜过十鸟在林"。正当性逻辑呢，反映的是传统，是历史经验的结晶，它本质上不是向着未来看的。而求美，是要找到更新的、更有趣的、更独特的东西，追求这些东西的过程带给我们普遍的愉悦感。这种骨子里的好奇心，是人生来就有的，是驱动企业创新的终极力量。所以，如果我是一个风险投资人，在某位创业者或某个创业团队身上看不到一点求美的热情，我是不会投给他们钱的。

6.5 空间和时间的本质

◉ 你见过企业在空间布局和时间使用上最另类的例子是什么？

空间和时间是两个基本而又重要的概念。

它们在企业管理中有什么用呢？我先举个例子。战略管理领域有个叫做平衡记分卡的理论和实践，主要的思想是，企业如果要做到可持续性发展，不仅需要有财务上的成果，而且需要重视其他三个方面：制度和流程、客户、员工。一些人说要把这四个方面都记下来，不好记。我介绍一种方法，让大家轻易忘不掉。你所要记住的只是两件事：空间和时间。把空间看作一个横轴，两段是内部和外部两个方面，把时间看作一个纵轴，两段是短期和长期。那么，两个轴一交叉，就出现了四个象限，它们分别对应着平衡记分卡理论中提到的四个方面（见图6-1）。

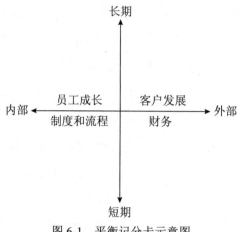

图 6-1 平衡记分卡示意图

如果企业重视外部，即重视客户和市场，而且采用短期的视角，干什么事情都希望短期见效果，那么这两个方面组合出的象限就是财务维度。如果企业重视内部，即重视组织建设和内部管理，而且采用短期的视角，那么这两个方面组合出来的象限就是制度和流程维度。如果企业重视外部，而且采用长期的视角，即从长远的眼光来看待收益，那么这两个方面组合出来的象限就是客户发展维度。如果企业重视内部，而且采用长期的视角，那么这两个方面组合出来的象限就是员工成长维度。

所以，平衡记分卡的实质是什么呢？它追求的是可持续性发展，是希望企业既重视内部，也重视外部；既重视短期，也重视长期。你把这个东西看透了，自然就明白平衡记分卡包括什么内容了。而且如果你理解得透，就会根据企业的发展阶段，来选择多大程度上采纳平衡记分卡的思想。企业成立之初，外部和短期很重要，所以自然追求财务绩效，先赚到钱，活下去。只有当企业达到一定的规模，开始考虑稳健长期地发展下去时，平衡记分卡才最有实际意义。

这么一说，大家可能有点明白了，原来空间和时间这两个概念虽然抽象，但是有用。文化的学者更加认为这两个概念很有意义。

空间决定人们的思维方式，塑造人们的性格。在大空间里生活惯了的人，思维会倾向于自由奔放一些，独立一些，格局大一些，但也显得粗犷，甚至粗糙一些。相比而言，在小空间里生活惯了的人，思维更集中，相互依赖会多一些，性格会内敛一些、细腻一些、精致一些，但也可能显得格局不够大。例如，中国人和日本人比较，企业管理的长处在于包容性强，能博采众长，缺点在于不够精益求精。中国的空间大，人员的流动性比日本和韩国大，这是除了其他因素外，空间本身的特点决定的。中国地方大，一个地方干得不爽，可以换一个地方，甚至换很远的地方。韩国和日本就不行，换个工作，也不太容易和原来的工作脱离关系。

有些企业家认为，风水很重要，所以会请风水先生帮助设计企业的物理布局。据说一些企业相信"七上八下"，所以楼层刻意保留在七层之内。我对风水没有什么研究，不便评论。从心理学的角度来看，空间的重要性在于，它的大小和布局能激活人思维中的不同模块。例如，如果一个企业有整整齐齐的物理布局，其中的人们就会更多地使用思维中守秩序的那些模块。如果一个企业有大的留白空间，还有很多富有艺术特色、杂而不乱的物理布置，那么人们创造的思维模块就更容易被激活。请大家注意，我说的是杂而不乱，不是乱。乱丢乱放激活的，估计是粗制滥造的思维模块。另外，空间大小和布局可能激活不同的情绪反应。如果一个布局别别扭扭，不符合人体工程学，那么人们的精神状态自然好不了，就会影响工作。

现在很多传统企业希望创新、希望转型。最简单直接的方法就是从改变物理布局开始。都是封闭独立的办公室？打开。有没有创造沟通交流的休闲空间？没有？建！天花板太低？升高。起码研发部门不能在天花板低的办公环境中工作。和客户服务相关的人员的办公条件怎么样？是不是把最好的区域给了他们？办公室桌椅的摆设能不能更活泼一些？办公区装饰能不能融入一些艺术风格？有没有挑空的明亮空间？不过，由于空间反映的是一种基本假设，人们一旦形成某种假设，很难改变。一些人买了别墅，就把挑空的留白空间改造成实用的起居空间，觉得这样才划得来。一些人生活改善了，买了大房子，情不自禁地要把所有的空间填满家具。这样的经理人员，也许更适合去管成本和效率，搞创新可能不合适。

我去过一个年轻的互联网企业，它的空间布局很有特色。举例子来说，它有上下两层办公区，二层到一层可以走楼梯，也可以从一个类似消防队才有的滑杆上滑下来。办公室的名字叫什么马尔代夫、大溪地……里面没有传统的桌椅，有的是松软的坐垫。还有中午可以睡觉的胶囊小隔间，可以发泄情绪的私密小屋，还有房间用来养猫……它颠覆了我对企业物理布局的印象。这样的企业带着互联网的基因诞生，传统大型企业待久的人想出这些东西，太难了，即使想出来，也往往被旧的文化和体制扼杀在摇篮中。

空间可以和权力联系在一起，赋予空间很多象征性的意义。例如，老板和高管的办公室在办公楼的第几层？位置如何？职位和办公室面积成多大的比例？在层级性组织中，职位越高，办公室的位置越好、面积越大。可是，当企业需要颠覆金字塔结构，需要更好更快地响应客户、服务客户、成就客户的时候，这些传统的空间结构需要打破，最好的空间应该留给为企业直接创造价值的员工。如果连这些代表层级权力的象征物都不能改变，深层次的文化变革就更难以进行。

互联网是一个伟大的技术革新，它深刻改变了空间的性质。过去因为地理距离带来的限制，被互联网技术减弱了。从北京到纽约，飞机穿越空间需要大概十几个小时。互联网相当于把北京和纽约之间的空间扭曲了、压缩了，地理距离带来的区隔会减少，甚至消融。如果一些企业过去的优势在于挖掘因为空间区隔带来的信息或资源不对称，现在就要未雨绸缪，做出改变，建立别人偷不走、学不会的核心竞争力。例如，教师也许过去可以去哈佛等名校取取经，回来现炒现卖，现在不行了，原版的东西大家也能获得，为什么还要听你的？长期来看，互联网会推动创新，虽然山寨和复制也比过去容易了，但只能短期生存，只有不断创新才能持续发展。

讲完空间，我再谈谈时间。

节奏是变化中的秩序，对企业经营管理来说也很重要。行业有自己的节奏，有的快，有的慢。客户需求变化快，口味变化快，技术变化快，节奏自然就快。互联网技术大大加快了节奏。节奏快，对企业的要求就高，怎么办？第一个要点是专精。你不专精，东一榔头西一棒槌，很容易失去节奏；你不专精，能力不够，节奏也跟不上。现在有很多人用微信，便利了信息交流，可是也碎片化了人们的时间，让一些人失去节奏，找不到好的工作状态。怎么办？要让微信跟着你的工作节奏，而不是你跟着微信的节奏，除非你从事的就是通过微信来服务客户的工作。第二个要点是敏捷。敏捷需要轻量化、灵活和及时反馈。例如，在绩效管理中，考核的指标需要更简化，目标要有及时调整的机制，人们在工作中干得如何，要有及时的反馈。

时间是用来记录变化的工具，不同文化对变化的理解不同，所以对时间的理解就不一样。有的文化认为变化是线性的，是单向的，富者越富，穷者越穷，强者恒强，弱者恒弱，时间一去不复归，所以必须有所行动。有的文化，例如中国传统文化中的一些观点，认为变化是周而复始的，是循环的，福祸相依，相互转化，所以更能耐住性子，等待时机。

有的文化认为变化是迅速的，所以决策判断的时间框架比较短。一项改革措施下去，一个季度不见效，就失去耐心了。有的文化认为变化是缓慢的，所以决策判断的时间框架比较长。在管理中，人的行为易改，思想难变。一项针对转变员工行为的激励措施见不见效，很快就能观察得到。但所谓"十年树木，百年树人"，对人的培养和塑造，尤其是素质和境界的提升，需要长一些的时间来判断，需要耐心。

有的文化留恋过去已经发生的东西，重视过去的经验。例如，儒家传统文化是崇古的、恋旧的，认为从历史能看到未来。有的文化更愿意面向未来，思考变化的种种可能。其实这两种文化各有优劣，重视传统优点在于有继承,给人一种稳定感,减少焦虑,但是思想上偏向于保守;重视未来优点在于更富于开拓精神,但缺乏稳定性,人们的焦虑感强。中国和美国的电视剧内容反映了这两种文化的不同。在中国的电视剧中,历史剧很多,《康熙大帝》《雍正王朝》《还珠格格》,还有各种热闹的宫斗剧,抓人眼球。而美国的电视剧呢,探讨未来的电视剧很多,主人公与各种怪物和外星人斗智斗勇,抓完这个抓那个,也是不亦乐乎。作为企业,如何调解传统和未来的矛盾?我的想法是:文化的内核是需要稳定的,但是外在的行为和实践需要与时俱进。我们选择不了历史,就像无法选择爹妈。我们生来带有传统的基因,但是很多后天的行为是完全可以习得的。

时间也反映了灵活性。不同的文化对灵活性的理解不同,因此对时间排他性的理解也不同。有的文化强调对时间的精准控制,所以强调时间的计划和安排,一个时间段里做一件事情,而且定下来就不轻易变化。有的文化强调对时间的灵活使用,尤其是行动者希望给自己留下变化的可能,所以不看重时间的计划和安排,即使制定下来时间使用的计划,也往往容易改变。中国的文化倾向于喜欢留下改变的余地,不喜欢没有灵活性,所以,不少中国用户不习惯预订,因为预订会让自己丧失时间上的灵活性。

从西方引入的时间管理对于中国人来说有借鉴的一面,例如要事先行,尤其把重要而不紧急的事情列为最高的优先级,这是有道理的。但是,在中国文化现状下,人们的时间常常是不由自主的。例如,虽然你制定好了自己的时间,可如果领导或组织要求你改变时间,你还能坚持按照自己的时间来吗?不太现实。我有一位同行提到的方法倒是有借鉴意义,即每天给自己设定好一两个目标,每天进步一点点,积少成多,不拘泥于具体的时间安排。每天可能出现突发情况,计划可能有临时变动,但是每天的目标要完成。当然,这个每天的目标制定得要现实一点,否则坚持不下去。如果每天完成目标不现实,每周是不是可以呢?总之,找到一个既有计划性，又有灵活性的时间安排方法，对我们每个人都很重要。

不同的职业对时间的假设是不一样的。管理人员往往是短平快的节奏，需要同一段时间处理并发事项。销售人员的节奏是跟着客户走的，存在旺季和淡季。生产人员的节奏是和生产线节奏相匹配的，往往需要一件一件事情顺序处理。技术研发人员的节奏是产品的成长周期，需要长时间不间断的时间投入。很多情况下，这些不同的人员会因为时间假设的不同产生冲突和矛盾。例如，管理人员会设立一个时间节点，认为通过设定最后期限来倒逼技术研发人员是有效的。而技术研发人员认为产品研发有自己的规律，过于仓促是难以接受的。用生孩子打比方，管理人员的时间思维是这样的，到预定时间了，孩子还没生，怎么办？剖腹产。而技术研发人员会觉得自然生产是必要的，哪怕再等等。认识到不同职业的时间假设差异，对于人员之间相互理解和沟通有好处。遇到对方和自己想法不一样的时候，会理解这是职业特点决定的，而不是因为这个人有不合作的性格。

互联网打破了时间的区隔。过去上班时间和下班时间是有界限的，现在这个界限在消融。各种信息通信技术，使我们离开公司后还保持在待命状态，客户有需求你响应不响应？老板有电话你接不接？同事有问题找你，你回复不回复？反过来上班时间也不纯粹了，员工上班的时间看股票。公司不给接外部网？现在手机上有很多App，可以用运营商提供的数据流量炒股。怎么管？以前家里给员工打电话，员工为了避嫌，还得躲着点，现在开着会，也能在微信上处理这些事情。

怎么办呢？看来靠时间来判断工作效果不行了，我觉得有两个可行的替代方式：第一，如果能设定个人目标，就根据目标完成的结果来判断工作好坏。第二，如果不能设定个人目标，就设定团队的目标，而且团体的规模一定不能大，我推荐8～12人左右的规模。团队成员精干，大家为了达成团队目标，会相互激励、相互监督。团队人数多了，就会有浑水摸鱼、"搭便车"的行为。

个人要想管理好工作与生活的关系，需要考虑以下三个方面。第一，给自己设定工作和生活的分界线，哪些时间用于工作，哪些时间用于生活，哪些时间是可以灵活机动的，最好有个规划，并坚持实施。第二，用手机、平板电脑、笔记本等处理事务时，最好能坚持"一次解决一个问题"的原则，不要在这个过程中，出现为了解决 A，对 B 产生兴趣，然后又在看 B 的过程中，被 C、D、E 等新的信息带跑注意力。专注才能有效率，有了效率才能省出时间。第三，要训练自己角色微转换（micro-role transition）的能力。角色微转换是相对于更明显的角色转换而言，例如下班回到家，从家中离开去上班，这些都是明显的角色转换。但是，由于信息通信技术打破了工作和家庭的界限，所以人们应该学会调整自己不断转换角色的能力。例如，在工作中，当不得不处理完一个家庭紧急需求时，需要马上把自己的状态调整到工作中。同样，下班在家庭和家人交流时，如果被来自工作的需求打断，也需要在结束响应工作需求后，尽快把自己调整到和家人交流的状态中。怎么做到这种微转换呢？创造物理区隔是一个常用的方法，即工作中需要处理家庭需求时，应该离开自己的工位，到一个不干扰他人的空间去处理，然后回到工位。即使你有一间独立的办公室，也应该离开办公桌，走到一个角落来处理，处理完后回到办公桌旁。同样，在家庭中需要处理工作需求时，也应该最好在家中找一个地方，离开家人的视线，处理完后再回到和家人的交流空间。这样做的道理是，当你集中精力工作，或者和家人欢聚时，你需要一个不受侵入的空间。当不得不被其他事务打断时，你应该暂时离开你要保护的空间，响应完其他事务后，再回到你保护的空间。如果不创造这样的物理区隔，容易变得工作也工作不好，生活也生活不好。

空间和时间不是独立的，它们之间也是有联系的。有人说时间在物理学上是空间的一个新维度，对此我没有深入了解，不好评论。不过，在企业经营管理中，时间和空间的相互转化关系，的确存在。

对于企业来说，代表空间的规模和代表时间的速度是有联系的。资金周转的快，信息流动的快，相当于规模的扩大。小企业要活下去，就要快。反过来讲，企业的规模扩大了，才有资格慢一点。在互联网的时代，信息流动的速度越来越重要，例如，客户反馈和产品升级之间的迭代速度越来越重要，规模大了，速度上不去，还不如拥有更快的速度。从近些年国内外互联网企业在中国市场上的竞争来看，例如，滴滴和Uber相比，京东、天猫和亚马逊相比，中国企业更接地气，尤其是对市场需求和变化的感知和响应，速度明显快得多。中国企业参与国际竞争，速度很有可能成为核心竞争力。

加拿大管理学家艾略特·杰奎斯（Elliot Jaques）对于时间在人员管理中的重要性有深入的研究，他认为人的能力大小实际上可以从时间维度上判断出来。绝大部分管理者可以把下属的能力大小排出一个顺序，但一般很难判断出他们之间的能力差距具体有多少。杰奎斯建议的方法是，管理者在分派工作时，先判断工作正常情况下需要多长时间，例如需要一个月。如果接到任务的下属在一个月内干完了，而且符合标准，说明这个下属的能力比一个月更长。上级可以再做尝试，给下属安排一个需要更长时间的工作，直到试出下属的能力上限。为什么这个时间维度这么重要？杰奎斯认为工作任务一般是由三个部分组成的，干什么，干到什么程度，以及什么时间内干完。干什么和干到什么程度是千差万别的，但是时间长短是一个量化的指标，反映了上级对这项任务的数量、难度以及重要性的综合判断。上级判断一项任务需要的时间越长，说明这项任务可能量越大，或者越难，或者因为越重要，所以要求高。按照杰奎斯的理论，如果下属A在工作中表现出来的能力上限是三个月，而下属B是一个月，那么下属A的能力就是下属B的能力的三倍。

第 7 章

企业文化的导入和强化

如何建设企业文化有两种观点。第一种观点，关心如何利用各种手段，把宣称的价值观推广和落实。清华大学张德教授编著过一本非常好的书——《企业文化建设》，里面有围绕这个观点如何系统地建设企业文化的介绍，非常实用。我的同事曲庆教授的新书《企业文化落地理论与实践》，也非常不错。

第二种观点，更看重如何把已经出现雏形的文化在企业中传播，或者强化已经沉淀的企业文化。沙因基本上是第二种观点，他总结出两个大的方面，一个是主要的导入和强化机制，另一个是次要的导入和强化机制。主要机制包括：领导者经常关注、评估和控制的方面，领导者对紧急事件和危机做出的反应，领导者如何分配资源，行为榜样的塑造、教导和培养，分配和晋升所遵从的标准，领导者招聘、选拔、辞退员工所遵从的标准。主要机制有两个核心的内容，第一，和企业的领导相关，而且强调不光听领导怎么说，更要看领导怎么做。第二，跟员工切身利益相关。不能只把企业文化建设看作一种宣传，更重要的是，要靠机制和制度，把文化和员工的切身利益联合在一起。次要机制包括：企业组织设计和结构，组织中的制度和程序，组织中的礼仪和典礼，物理空间、外观和建筑物的设计，重要事件和重要人物的故事，企业文化的正式表述。

第一种观点和第二种观点的区别在于：后者是一种自下而上的观点，更看重实际运行起来的价值观。相对来说，前者是一种自上而下的观点，对宣称的价值观如何落地更重视。由于我推荐的书已经把第一种观点说得很清楚，我重点在这一章介绍第二种观点。大家可能注意到，沙因总结出来的机制中，有的方面和第一种观点有较大的出入。第一种观点认为，一个企业有没有进行企业文化建设，重要的一个标志就是有没有正式的文化表述，例如正式的文化手册。而沙因把它排在次要机制中，而且是最后的因素。

我的经验是，企业发展到一定阶段，有必要思考如何加强意识形态的推广。这一章提到的两种观点中，不论是第一种观点，还是第二种观点，它们在组织中的礼仪和典礼，物理空间、外观和建筑物的设计，重要事件和重要人物的故事，企业文化的正式表述方面没有太大的差异。在如何通过建立组织中的制度来推广或建设企业文化方面，差异也不是很大。很多大型企业，尤其是连锁企业，特别需要从上而下的各种企业文化宣贯和建设措施。例如，大家耳熟能详的企业同仁堂药业，它就有一整套连锁企业的文化管理模式，店内如何布置？各个岗位的行为规范如何？都有详细的规定。通过这样的从上至下的文化建设，有助于建立起标准化的连锁企业。

7.1 企业领导是企业的CCO

◎ 企业的一把手在哪些方面影响企业文化？

海尔的张瑞敏说，他在海尔扮演两师的角色，一个是设计师，一个是牧师。他说自己是设计师，意味着他在企业的战略制定中很重要。张瑞敏近几年在海尔推动的"平台化""去中介化""小微化"变革，充分表明了他作为战略设计师的高瞻远瞩。他说自己是牧师，是指他本人是海尔文化最强有力的布道者。他既是首席执行官，也是首席文化长

（chief culture officer，CCO）。如果一个企业设立了首席文化长的职位，这个职位也只有企业的"一把手"能够担当。

企业领导的言和行，不断地在塑造和强化着企业文化。一个企业成立之初，本来没有什么文化沉淀，领导像是火车头，带动着企业发展。在发展的过程中，一些本来只是领导个人的理念和风格，通过了有效性检验，通常是指企业在市场上经营成功，得到了企业内外其他人的认可和支持，具有了某种合法性，从而沉淀为企业文化。在这个时候，领导的权威和企业文化紧密联系在一起，不认可企业文化，就意味着对领导权威的质疑和挑战。

领导理念的有效性归根结底需要市场的检验，再好的理念，再高大上的情怀，如果通不过市场的检验，即不能带动一个企业盈利和发展，就不能获得其他人的认可。不过，虽然市场的检验起到最终的决定性作用，但短期来看，由于大多数人的职业发展和领导的喜好相关，所以领导在企业中产生了最强烈的社会学习效应，即领导的思想风格，会在不同程度上被其他人模仿、学习。在我国，国有企业的文化有很多优秀的方面，但也存在明显的缺陷：由于国企中为数不少的人根深蒂固地认为国家是为国企"兜底"的，所以对于市场的检验，即经营是否成功，和其他所有制的人相比，没有那么关注，对在市场上遇到的失败，也没有强烈的焦虑感。个人晋升与否，与是否得到上级或上级组织的赏识直接相关。因此，在大部分国企中，"唯上"的文化根深蒂固。

企业内的员工会留心领导者经常关注、评估和控制哪些方面。在企业内部的经营管理会议上，领导在讲话中最为重视的方面，其实也就是在引导群体的注意力向那个方面转移。特别重视销售的领导，会自然地在企业文化中建立起销售导向的特征。口头上强调创新，但又不能容忍失败的领导，会让大家领会到创新只是锦上添花的东西，而回避失败才是最根本的东西。表现优秀的企业，领导常常不仅仅关注企业的盈利，因为他们知道，盈利是经营的结果而不是原因。他们通常更关心市场和用户，从而带动其他人也重视满足和成就用户。例如，华为在技术研发上有大量的投入，但一把手任正非担心技术人员以自我为中心，所以他在重要的讲话中，不断地强调以市场为中心的技术创新，给技术人员敲警钟，避免他们陷入技术自我迷恋的陷阱。海底捞的一把手张勇也是一位非常关心客户服务的领导，他在判断各个分店经营状况的时候，更关注的是反映客户满意的指标，力图使客户感到在海底捞消费物有所值。作为普通的消费者在海底捞用餐，能够感受到服务员的热情和用心。

领导者对紧急事件和危机会做出什么样的反应？人们在紧急事件和危机状态下，表现出的是深层次的基本假设，即最不愿意放弃的东西是什么。最不愿意放弃的东西，就是沉淀最多的那个部分。人们常说，危机既是一种危险，也是一种机遇，我认为很有道理。是什么样的机遇呢？从企业文化的角度来看，是传播企业文化非常好的机会。人们在危机来临时，往往比波澜不惊的时期，更需要强有力的领头人，来带领大家摆脱危机带来的恐慌和焦虑。因此，一旦危机处理得当，领导在过程中表现出来的价值观，会更深刻地被其他人认同和效仿。有意思的是，由于真正的危机有风险，所以一些优秀的企业领导人会在企业实际上并没有处在危机时，有意识地在企业内部制造出危机来临的氛围，并给员工指出方向。例如，华为的任正非在华为面临的市场还没有特别糟糕时，向员工传递"华为的冬天"要到了，动员员工准备好迎接2008年全球金融危机带来的挑战。而当危机真的来临的时候，任正非话锋一转，给员工鼓舞士气，"冬天来了，春天还会远吗？"这几年华为发展得不错，任正非又用"下一个倒下的是不是华为"的设问来警醒员工，保持对市场的敏感度。任正非利用危机，传播和强化了华为"以客户为本、以奋斗者为本"的企业文化。

当资源有限的情况下，领导者如何分配资源？华为公司在企业发展的历史上，曾经在资源非常有限的情况下，大手笔地投入程控交换机的研发。这个策略获得了成功，同时把研发投入先行的理念注入华为的企业文化中。据报道，2018 年，华为投入研发的经费为 1015 亿元人民币，占当年销售收入的 14.1%。近十年（2008—2018 年）华为累计投入的研发费用超过 4800 亿元人民币。联想公司在历史发展中，曾经有过创始人柳传志和总工倪光南的两种路线之争：柳传志主张贸、工、技的发展路线，主张先发展贸易，技术相对靠后一些，而倪光南则主张技、工、贸，主张先发展技术，然后通过技术带动贸易。在当时的情况下，孰对孰错，很难评判。联想最终采取了柳传志主张的贸、工、技的发展路线，这件事情对联想文化有深刻的影响。我认为，时至今日，联想公司的企业文化中，销售的基因仍然最强。这些年来，联想主要靠收购和兼并发展，而华为则更依靠技术创新来发展。由于已经形成的文化有巨大的惯性，联想如果想要文化转型，把技术创新融入公司的文化中，非常有挑战性，任重道远。

领导在招聘、分配和晋升中遵从什么样的标准？领导偏好什么样的人进入公司？会给哪些人业绩评估高分？会提拔哪些人？领导在做这些事情的时候，其实也是"自然地"建设着企业文化。万达的王健林是军人出身，在保证项目完工方面，对项目负责人有非常严格的要求，如果不能按照工期完工，肯定会被撤职。他给万达打造出的特点是：军事化的风格，企业运营效率高。龙湖的吴亚军相对低调，企业文化简单直接，不设副职不设秘书，讨论工作对事不对人，提倡不给领导拎包、吃饭聚餐级别高者买单等。有的公司对人员有明确的价值观要求，例如阿里的"六脉神剑"，以及 GE 公司对管理人员的 1P4E 要求。

简单介绍一下 GE 的 1P4E，它们是指以激情（passion）为核心，同时具有精力（energy）、感染力（energize）、执行力（execution）和决断力（edge）。我认为这五个方面提得非常好。做一名管理干部，最核心的是工作充满激情，或者说热爱工作、热爱生活，没有这份热爱，就没有力量迎接工作中的挑战。四个 E 中，最基础的是精力，身体要强壮，精力充沛。现在互联网行业的企业中，盛行"996"制，即上午九点上班，晚上九点下班，一周工作六天。没有身体，根本扛不住。其次是感染力，要善于把自己的活力传递出去，带动一批人。带动的方法可能不止一种，有的人口才好，有的人行胜于言，都能把队伍的活力带起来。执行力是指工作能不能做到位。其实执行力不简单是把工作落实，只有平时有准备，对自己的工作有思考、有想法，才能在接到任务的时候执行到位。决断力是指在自己的职责范围内，要勇于做出判断，做出决策，而不是想方设法把决策的责任推出去。虽然1P4E是美国GE公司提出的，但对我国企业的干部选拔和培养也有一定的借鉴意义。如果企业重视选拔和培养这样的管理干部，那么可以想象，这家企业的文化中，一定有积极向上、充满干劲的特征。

7.2 组织结构和文化建设

◉ 你有没有见到过组织结构带来了文化的改变的例子？

组织结构也反映了企业文化。也就是说，如何安排组织结构，其实也在塑造着企业的文化。美国学者格林纳（Greiner）认为，企业的结构和企业生命周期相关，企业在不同的发展周期，适合的组织结构是不一样的。例如，企业发展初期，常常是比较简单的直线职能制结构，这种结构对应的是控制力比较强的文化。而当企业发展壮大，到了事业部制的时候，自然就有了分权的特征。再进一步发展，事业部就有变成"诸侯国"的人事风险，于是企业会采用新的治理和管理机制，例如各种委员会，以及采用统一的信息管理平台来管理。到了企业规模再大的时候，官僚化的文化色彩越来越浓厚，企业面临新的变革，需要重新找回活力。常见的方式是拆分企业。例如，原联想集团在2000年拆分成神州数码和联想电脑，分别交给郭为和杨元庆来管理。

随着互联网技术带来的机遇，也有不少组织在探索平台组织、生态组织等新的组织结构方式。这些新的方式，对应着新的文化特征。海尔的张瑞敏这些年率领海尔进行大刀阔斧的变革，组织形态从传统的金字塔式向平台组织发展。海尔希望在海尔大平台上，孕育出众多的小微企业，并形成一个生态圈。在我看来，这种变革最大的挑战，在于海尔能不能把旧的文化进行革新。在旧的文化体系中，大规模制造沉淀下来的经验和理念在海尔管理者的脑子中根深蒂固。张瑞敏的思想超前，但其他各级管理者能不能转变思想，能不能容纳小微企业发展所必需的创新和活力？这个挑战是巨大的。创新和活力，意味着需要容忍失败和无序，这和大规模制造形成的零缺陷、高度控制的文化非常不一致。我认为，海尔应该在保持传统制造强项的同时，积极投资建立新的小微公司，要有耐心，把有新思想的人才培养起来。海尔转型，任重道远。

7.3 制度和文化建设

◉ **你有没有见到过组织制度带来了文化的改变的例子？**

组织的制度，尤其是考核评价制度，由于和人的切身利益相关，所以强烈地塑造着人的行为，甚至理念。例如，如果一个企业非常强调考核，而且上级对下级的考核结果对员工在企业的职业发展起到至关重要的影响，那么这个制度会形成一种"唯上"的文化。而如果采用多源评价，即上级、同事、客户，甚至下级的评价，那么一般来说，会让被评价的人更有团队合作的意识。当然，这也要看多源评价具体是如何应用的。多源评价比较好的应用方式，是淡化它和短期收益的关系，主要用来和培训、晋升相挂钩。如果多源评价被直接用来评定奖金，往往形成的是一种"你好、我好、大家好"的文化，或者在一些非常强调竞争，搞零和博弈的企业，也可能导致相互倾轧。

美国网络电商美捷步（Zappos）公司的创始人是位华裔美国人，中文名叫谢家华。他非常看重公司文化，员工被新招入公司以后，会进行为期五周的培训。培训结束的时候，公司会给这些通过培训的人一个选择，告诉他们，现在如果不想在公司里面待下去，可以拿到大约2000美元离开。谢家华认为，美捷步公司很重视文化，是传递幸福的企业，人和文化匹配度很重要。美捷步发现，大约有10%的人会离开，但对公司未必不是一件好事。因为就算这10%的人勉强留下来，由于文化不匹配，他们会变成负能量的代言人，带来更大的管理成本。2012年美捷步引入一个新的管理模式——合弄制（holacracy），由于这种模式和传统管理模式差异很大，属于一种全新的自我管理模式，公司提供了较慷慨的补偿金，鼓励不认可新的管理模式的员工主动离开。通过这样的方式，美捷步把认同公司文化的人选择和沉淀了下来。

华为公司从2002年开始，对员工采用虚拟受限股的股权激励方式进行长期激励。由于华为的经营业绩很好，每年员工从股权分红中得到的收入占员工总收入相当大的比例。由于收入高，一些股票拿的比较多的老员工有了混日子的心态，违背了华为信奉并倡导的"以奋斗者为本"的核心价值观。华为从2015年开始，对股权激励进行了制度上的改革，新增了TUP（time unit plan，时间单位计划）股权激励方式。TUP和以前的虚拟实股最大的不同，在于TUP不是终身的，是有时间限制的。例如，在五年中，每年分红的比例递增，但到五年期满，股票需要根据股本增值情况全部兑现，然后权益清零。员工如果希望再拿到TUP股票，必须要有职级上的提升。实施TUP后，华为在收入分配时，加大TUP部分的分红比例，减少以往实股的分红比例。这种的股权制度安排改变了员工的心态，如果员工希望收入更高，就必须继续奋斗。

7.4 工作原则和文化建设

◉ 你有没有总结或提炼过工作中行之有效的一套方法论？

近年来，我发现工作原则的提炼和推广对企业文化建设有作用。用人体结构来做比喻，我把企业文化分为头部、躯干、四肢三个部分。头部指抽象的理念层，包括企业的使命、愿景、企业精神和核心价值观等；四肢指具体的制度和行为规范。躯干指工作中秉承的一些原则，这些工作原则既不像理念层那么抽象，又不像制度那么具体，介于两者之间。

什么是工作原则？它是从解决实际问题中总结和提炼出来的一套行之有效的方法论，通常用通俗易懂的语言表述出来。由于工作原则在企业文化体系中起到了承上启下的作用，因此对建设企业文化非常重要。但是，在我见到的企业文化建设实践中，不少企业在工作原则的建设方面做得很不够，妨碍了企业文化建设的实际效果。

工作原则强调立足于本职工作，总结和提炼出对本职工作行之有效的方法论。其实，只要用脑用心，大多数人都有机会从工作中总结提炼出一些指导自己工作的行动准则。当然，企业中往往是多个员工干同一类工作，那么针对这同一类的工作，把员工们好的集体经验总结和提炼出来，就是这一类工作的工作原则。

举两个例子说明什么是工作原则。第一个例子是我多年以前去某投资顾问公司做调研，见到了该公司用来指导投资顾问工作的《并购交易59条》。例如，"千万别和客户耍聪明斗机灵，要取得客户的信任，三个要点：人好、活绝、懂事""再困难的项目都是可做的""大并购需要大的故事，编故事、讲故事、写故事是投资银行大家的本事"。这个工作原则最早由一位才华出众的员工根据自己多年在资本市场的实战经验总结而出,被公司其他的同事誉为交易圣经。公司高层意识到这个工作原则的重要性,集合所有合伙人的集体智慧进行了完善。每个合伙人根据自己的特长分工一部分,根据自己的体会修改完善,再由公司的创始人之一整理增删,并且在合伙人会上用了一天时间来讨论,最终形成了大家的共识。

第二个例子是方太公司的管理原则。我在阅读介绍方太公司管理之道的一本书时,被该公司接地气的管理原则吸引了注意力。方太公司推行儒道文化,立志成为一家伟大的公司。我最欣赏这家公司的地方是,他们不光有看起来高大上的儒道文化体系,例如,致良知的语录,关键是有能指导实际工作的管理原则。例如,"视顾客抱怨为礼物,视抱怨为改进机会,快速、热情地处理好失误或者顾客投诉""简单是复杂后的回归,是卓越的极致。否则,'简单'很容易等同于'马虎'和'肤浅'""制度发布后生效前必须做到广泛的宣贯和教育""解决问题需要追根究底,需要连问五个为什么""每一处细节都比对手好一点。不厌其烦地向员工灌输、传达公司的价值观与理念""体现核心强项的细节一定要比对手好很多"等。

从这两个例子可以看出工作原则的一些特点:第一,非常贴近工作。它们从工作经验中来,又回到工作中作为指导行动的准则。第二,它比制度和行为规范抽象,又比企业价值观的表述具体。例如,"诚信经营"是一个抽象的理念,"不缺斤短两"是具体的行为规范,而"己所不欲、勿施于人"就像是一个原则。第三,它是集体智慧的结晶。因为被多数人实践后认为行之有效,所以得到广泛的认同。因为有这三个特点,工作原则很像圣贤王阳明所说的"知行合一",它们既是知,也是行。因行而知、因知而行。

工作原则就像人的躯干,像人的脊柱和腰。人如果腰背不好,精神往往也不好。企业在这个部分做得不好,文化建设就难以发出力来。之所以强调这个部分，是因为我在实践中发现，工作原则是不少企业搞文化建设的软肋。我主张以工作原则为抓手推进企业文化建设。为什么？一方面，如果主要在理念层下功夫，可能出现尽管文化手册很精美，但因为抽象而不接地气。另外，因为抽象，所以大家的理解可能不一样，容易陷入无意义的争论。另一方面，如果主要在制度层上下功夫，由于人的观念决定行为，如果观念不变，制度推行起来也不容易，甚至无法执行。这似乎陷入一个矛盾情景：观念落地需要制度支撑，制度推行需要观念转变。到底是观念先行，还是制度先行？

我主张搁置观念先行还是制度先行的争议，在理念层和制度层建设的同时，主要鼓励大家通过解决实际问题，总结和反思过程中取得的经验，提炼工作原则。大家在工作原则上达成了共识，往上有助于理解和认同更抽象的理念，往下有助于接受更具体的制度和行为规范。工作原则如何产生？最好像我在前面介绍的《并购交易59条》的产生过程一样，通过群策群力，反映集体智慧。这项工作可以从高层管理者开始，定期总结和提炼工作原则，并把这种方法逐步向下面的层级推广。需要注意，尽管是集体智慧，但能力强、业绩突出的人对工作原则贡献的权重更大。而且，只要是工作原则不和理念层发生冲突，都应该鼓励创新。正因为有创新，文化才能生生不息。

以工作原则为抓手推进企业文化建设，尤其适合文化融合。两种文化如何融合到一起？这是一个非常有挑战的问题。最理想的结果是文化合金，即把双方的精华融合在一起。这当然最好，但实际中，常常因为方法不当而难以做到。实际中常出现的是另外两种情况：（1）实力强的一方强力输出文化，实力弱的一方，要么被动地接受，要么只有离开。（2）双方虽然是一个组织，但是内部文化上分裂成两类，相互不干涉，而且往往在地理位置上隔开。也有个别的情况，实力强或胜出的一方认为实力弱或失败的一方的文化更先进，因此向实力弱的一方学习。

现实中的情况更复杂。例如，联想公司购买了IBM公司的PC部门后，按照"文化先行"的理念，向原 IBM 经理们介绍联想文化，结果在培训现场受到了挑战。IBM 经理问，联想有在一个国家成功的经验，而 IBM 有过在上百个国家的成功经验，为什么联想的经验就是对的？如果原 IBM 的经理是那种心态，联想的文化和制度就不能得到很好的推行。

如何搁置争议，通过工作原则来促进文化融合呢？举例说明：方太公司在发展过程中，曾经引入了很多来自世界 500 强企业的经理人。用方太老总茅忠群的话来说，方太面临的不仅是如何融入"空降兵"的问题，而是如何融入"空降师"的问题。茅忠群采取了非常务实的做法，他没有向这些外来经理人推销方太文化，而是虚心地向他们请教在以往 500 强企业中积累的优秀管理经验，并把这些经验总结出来，形成一个管理原则。这个原则既继承了方太的经验智慧，也集成了优秀企业的经验智慧。在一次干部会议上，茅忠群说，我们没有什么老方太人、新方太人，只要大家按照这个管理原则去做事，就是方太人。我欣赏这个做法，只要大家有了共同的工作经历，从加深理解到相互信任，统一的文化理念自然会形成。这里的关键是把大家的注意力从一开始就引导到工作上，用实际效果来说话，而不是陷入谁的理念先进的争论中。

7.5 企业文化的内部传播

◉ **你认为让企业内部成员了解和接受企业文化最有效的渠道是什么？**

我和同事曲庆、吴志明在 2005 年曾对企业文化的内部传播进行了一项定性的研究。我们把企业文化的内部传播定义为"企业内部成员了解和接受企业文化的过程"。这项研究的目的在于研究企业文化在企业内部的传播机制。所谓机制,是指构成整体系统的各个要素相互作用,以使系统有效运作的内在机理。这项研究从未正式发表过,我把主要的研究过程和发现收录在本节。

1. 方法

1) 数据

我们根据下面几个标准来选择被调查的企业:企业成立三年以上;制造业企业员工人数在300人以上,其他企业人数在50人以上;尽可能分布在不同行业,覆盖不同所有制。根据以上标准以及调研样本的可获得性,我们最后选择了5家企业,它们的基本情况如表7-1所示。表中的B代表北京,5家企业按照调查时间的先后排列。

表7-1 受访企业的基本背景资料

企 业	成立时间	企业性质	所处行业	主要业务	人数规模
B1	1997	民营	财务顾问	投资咨询	50
B2	2002	民营股份制	网络	人力资源开发平台	210
B3	1958	国有	制造业	炼钢	1200
B4	1995	民营	高科技	铁路无线通信系统	160
B5	1996	股份制	网络媒体	网络内容提供商	1700

各企业接受访谈的人员情况如表7-2所示。访谈基本上采用研究小组和受访者单独面谈的方式。每位受访者的访谈时间为30～90分钟,大部分在50分钟左右,对高层管理人员、人力资源经理/总监的访谈时间都在1小时以上。在征得受访者同意后,我们对绝大部分访谈录了音。

表7-2 受访人员情况

企业	B1	B2	B3	B4	B5
高层管理人员	1	1	2	1	1
中、基层管理人员	5	6	6	6	4
一线员工	7	4	5	5	2
总人数	13	11	13	12	7

2）访谈方法

访谈方法的基本原则是：让受访者首先对自己所在企业文化的特征进行描述，然后让受访者自己说出他/她获得这种印象的原因，从而引出企业文化传播的渠道和不同渠道的传播特点，研究者只在适当的时候给受访者提醒或引导，并且特别注意让受访者用具体的事例来说明。访谈结束后，我把其中主要人物的访谈录音整理成文字稿，其余部分则由参加访谈的学生整理成文字稿。

具体地，我们的访谈主要围绕以下问题进行：（1）请您用几个词（或句子）描述贵公司目前的企业文化特点。（2）请您解释一下这些词（或句子）的含义，它们的重要性先后顺序如何？（3）您为什么这样认为？是哪些人、事、规定、做法……让您有这样的看法？（4）贵公司正在努力建设的目标文化是什么？您是从哪些渠道了解这些的？

3）数据分析方法

进行数据分析时，我主要参考了扎根理论（grounded theory）的三阶段编码方法。在实地访谈和第一次数据分析时，尽量抛开文献回顾时形成的初步框架。然后，采用开放式编码方法，首先逐行对所获得的原始记录进行了细致地阅读，并将阅读中发现的一些和传播机制相关的主题随时标记出来。在数据分析的第二阶段，采用轴心式编码方法，把标记出来的主题试着进行分类。最后，采用选择式编码方法，发掘类别之间的联系，并试图形成整体的传播过程框架。为了减少个人主观解释偏差的影响，我和同事曲庆各自独立对原始资料进行了分析，然后和同事吴志明进行分析结果的比对、讨论。

2. 结果和讨论

我用图7-1表示企业文化的传播过程，以及过程中包括的要素。图7-1中涉及的要素主要包括如下四个部分：发送者、传播载体、传播渠道、接收者。一般的传播过程是这样的：发送者把有关的企业文化信息进行编码，让这些编码附在一定的载体上，然后包含文化信息的载体又通过一定的渠道传播到信息接收者那里，他或她将对这些信息进行解码，以判断是否接受。本节以下的内容重点围绕发送者、传播载体、传播渠道、接收者四个要素进行组织。

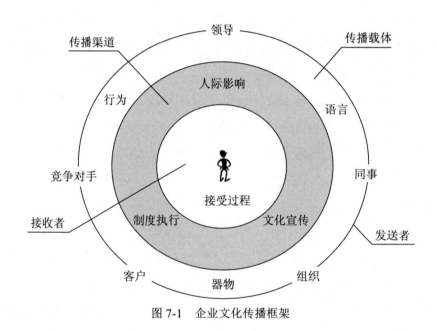

图 7-1　企业文化传播框架

1）发送者

发送者主要包括领导、同事、客户、竞争对手以及内容更宽泛一些的组织等（例如，党组织、工会、企业文化部门）。领导主要可以细分成企业主要领导人、其他高管人员、直接领导者。总的来看，在规模小一些的企业里，企业主要领导人在文化传播中的作用被提到的次数最多，而在规模大一些的企业里，直接领导者的作用变得更大。

同事可以细分为老员工、同批进入公司的员工和新员工。这三类人中，老员工一般被认为对员工的影响最大。党组织对文化传播的影响，在 B3 被重点提到，并认为这是相比较私营企业来说，国有企业在企业文化传播方面的一个重要优势。

客户和竞争对手对企业的表扬、赞赏和尊重，使得员工能产生一种强烈的自豪感，促使员工认同自己的企业。B1公司的受访者还形象地把这个作用称作"外力促进内力"的反向作用。如果反过来，外部利益相关者对员工是负面的反馈，那么可能也会起到"外力破坏内力"的作用。而且我们发现：对于多数员工来说，来自客户和竞争对手的反馈更有说服力。

总的来说，发送者对接受者的影响越大，传播的效果越明显。但是有时发送者可能也会起到负面作用，例如，不断有不满的客户投诉公司，就很难让员工认同公司提出的"客户为尊"的理念。沙因曾把企业文化的功能分成外部适应和内部整合。我们以前考虑内部整合类的组织文化维度（例如，团队导向）对员工个体效能变量的影响时，觉得比较好理解。但是，对于外部适应维度，例如，创新导向、客户导向，我们曾觉得作为组织内部的员工，不一定能理解和感知。现在看来，像外部适应的维度，不仅可以通过领导、同事向员工传播，而且外部人员对企业这些维度的认可，可能更会增加员工对这些"外向"维度的认同。

2）传播载体

传播载体是指企业文化信息的媒介实体，应该是能够被可视或可听的。我们主要归纳出了三大类型的文化载体：语言、行为和器物。语言可以分成口头语言和书面语言，语言载体的常见具体形式有：企业文化手册、理念表述、制度、内部刊物、书籍、网络论坛、故事、企业大事记、歌曲、笑话等。行为载体是指包含文化信息的为人做事的行为方式。由于行为载体是一种客观的外在表现，它对于企业文化传播的作用显得更为重要。器物载体包括的具体形式较多，常见的有企业的标识（logo）、服装、装饰、商标、雕塑和建筑物等。但是和文字、行为比较起来，器物载体包含的文化信息一般更为间接，往往需要解释后才能了解其象征的文化含义。

3）传播渠道

我们将传播渠道定义为将带有文化信息的载体传递到接收者的具体

通道。渠道和载体虽然密不可分，但是两者还是有所不同的，渠道是一种实践或活动，它会传播载体的内容，但是载体本身不经过渠道的话，就不会到达接收者。一个传播渠道可能涉及多个传播载体。例如：培训是一个传播渠道，而在这个渠道中，可能会涉及企业文化手册、故事、歌曲、内刊、会议文件等多个文化载体。

我们将提炼出的传播渠道主题词整理、归纳成三大类传播渠道，其中包括：人际影响、制度执行、文化宣传。（1）人际影响是指面对面进行的日常人际互动，可以进一步分成工作交流活动和非正式交流活动。其中工作交流活动主要以完成工作为目的，例如，制订工作计划、讨论工作安排、临时的工作会议等。非正式交流活动是指在正式工作之外进行的面对面的人际互动活动，包括聚餐、闲聊、各种文体活动等；（2）制度执行是指执行包含文化信息的制度的过程，例如，对人力资源管理制度和其他奖惩制度的执行过程、例行的工作会议等；（3）文化宣传活动是指企业有意识地宣传文化的专项活动，例如，向员工发放文化手册、让员工参加专门的文化演讲比赛、先进人物评选和宣传、典礼和仪式等。

（1）人际影响

在人际影响渠道中，我们首先强调工作交流活动的重要性。受访者普遍认为：企业文化主要是在日常工作中传播的。员工在和领导、同事、客户、竞争对手等关于工作的正式沟通中，会深入地理解企业对做人、做事的具体要求，进而理解企业文化的内涵。

在非正式交流活动中，员工之间一般通过形式多样的沟通方式交流信息，容易培养起凝聚力，建立相互之间的信任关系。企业文化传播主要有两种方式：一种是直接的，在非正式交流中，员工能通过他人对企业中人和事的评价来了解文化内涵，甚至相互之间有直接对文化"潜规则"的探讨；另一种是间接的，它主要起到的是情感交流的作用，使得员工之间的信任关系加强，而相互信任的员工之间人际影响的力度更大。

（2）制度执行

企业中最能反映文化传播的制度是人力资源管理制度。从制度执行来看，文化传播主要是通过奖惩来起作用的。人力资源制度主要包括招聘、晋升、培训、考核和薪酬制度。受访企业在培训、考核和薪酬制度方面各自有一些传播文化的制度：（1）B2 和 B4 公司在新员工达到一定人数后就组织集中培训，总经理亲自宣讲公司的历史和文化。B1 公司采用辅导员制度，每个新员工都有一个老员工作为辅导员，公司的高层包括总经理都亲自担任辅导员。（2）B5 公司把团队作为考核对象，以强化团队合作，它们的考核标准里包含了一些跟价值观相关的行为指标。B1 公司把发表文章数量、接受采访数量、完成课题数量作为业务董事（即公司合伙人）的考核指标，目的在于强化创新学习的价值观。（3）薪酬制度中最能反映文化的有两块，其一是决定绩效工资的标准，实质上是由考核制度决定的。其二是一些单项奖，往往集中反映了企业最倡导的价值理念。

（3）文化宣传

和前面的两种渠道不同，文化宣传是企业有意识的、以传播文化为主要目标的专项活动，其具体形式比较丰富，包括各种将文化载体有意识地送达接收者的宣传活动。在 B1 公司，CEO 曾在新年的第一天给每位员工发了一本自己的书，那本书基本上是 CEO 对公司发展历史和前景，以及工作发展理念的思考。另外，公司内部网上的《B1 故事》栏目别具特色，由公司专人将发生在公司中的事情以故事加评论的形式整理出来，在员工中有较大的影响。

除了以上整理出的三类传播渠道，我们还关心不同渠道之间在传播中的作用如何。分析发现，当企业刚成立，处于初创期时，人和人之间的直接交流很多，大家在直接交流中逐步形成企业文化的雏形。"文化就像人的基因，是在做事中自然而然地形成的"。企业发展到一定规模，人员之间的交流已经不可能像小企业那样多，人员之间必须有明确的分工，做事情也需要有统一的规范。于是，企业除了直接的人际交流之外，还必须依赖制度来规范大家的行为。但是，即使是企业有了成型的制度，交流同样是不可少的。因为，对于后加入企业的员工来说，他们虽然可能因为制度的奖惩力度而服从制度的规定，但是这种服从往往是被动的，他们无法只从制度的奖惩中去认同企业的文化。相反，如果在企业制度之外，还能有大量的交流活动和文化宣传活动，尤其是直接的人际沟通，员工会深入了解到反映企业文化的制度背后深层次的原因。

总体上看，在三种传播渠道中，受访者对人际影响的作用感受更深，尤其是工作交流活动对文化传播的作用被最多地提及。在面谈中，访谈小组一方面使用了间接提问的方法，从请受访者用几个词描述公司文化开始，了解他们对企业文化传播渠道的感知；另一方面，对部分受访者，特别是管理人员，访谈小组也直接提问企业采用哪些方法传播企业文化。对前一种问法，受访者谈到的主要是跟自己亲身经历有关的人和事，特别是CEO/总经理的风格、同事之间的关系等，有的受访者也提到公司的宣传和举办的活动；对后一种问法，大部分受访者都提到了会议、培训和宣传。至于除了培训之外的其他制度，则较少有受访者会主动提到。总的来看，人际影响和沟通是传播企业文化最为重要的渠道。

4）接收者

发送者将文化信息附在一定的载体上，通过某个渠道会到达接收者，这属于文化信息的送达过程。文化传播的真正完成，不仅包括了员工要接收文化信息，还要接受文化信息。接受过程可以用理解、赞同、接受三个阶段来描述。由发送者发出的文化信息到达接收者时，首先遇到的问题是接收者能否理解这些信息，如果不能理解或者是理解错误，那么传播会失败。接收者也可能完全或有所理解，理解的程度主要取决于两大因素：一类因素是影响有效沟通的一些因素，例如，信息传播中的噪声、个体是否选择性的过滤信息、个体的情绪等；另一类因素是多个发送者、不同的载体和渠道包括的文化信息是否一致，例如，同一个信息发送者言行不一，就会影响接收者理解的程度。有受访者说："我们公司有一条核心价值观是突破创新，平时领导也强调创新，但是到了年终，领导最关心的还是结果。因此，大家实际上很少为了创新去冒险。"

接收者理解或部分理解文化信息后，接下来会判断自己是否赞同这些文化信息。赞同或不赞同，与接收者最终是主动接受还是被动接受企业文化有密切的联系。个体是否赞同或接受文化信息，主要是由个体自己的目标、价值观、个性、利益以及发送者对自己的影响力等复杂的因素来决定的。如果一个人赞同文化信息，他或她很可能会主动接受它，表现为主动用它指导自己的言行。如果这种文化传播不断发生，个体就会逐渐将企业文化内化到个人目标、价值观中去。当文化信息和自己的目标、价值观、个性、利益等因素发生冲突时，或者是个体不信任信息的发出者，个体很可能不会赞同文化信息，如果进而不接受文化信息，那么传播就失败了。但是，不赞同也并不一定意味着不接受，有的个体会出于对利益损失和群体压力的考虑，而暂时选择被动接受，表现为被动地服从，而不是内心的认同。这时，企业文化的传播并没有彻底失败，但是需要有新的传播过程来尝试将被动服从逐步转化成内心的真正认同。

第 8 章

企业文化的变革

企业成长的过程是一个不断挑战和改变自身的过程，这个过程中，企业文化的不同层面会发生不同程度的改变。这一章，我先集中介绍企业文化变革的概论。然后再结合实际例子，谈谈几种典型的文化变革，总结出企业文化变革应该坚持的三项基本原则。最后，介绍个人在企业文化变革中应该具有的三种心态。

| 8.1 企业发展阶段和变革的重点 |

◉ **你如何划分企业的发展阶段？每个阶段需要重点关注哪些问题？**

沙因认为，企业文化变革关注的重点，根据企业所处的不同发展阶段而不同。他把企业分成三个阶段：成长期、中期和成熟期。但是，根据什么标准来判断企业处在成长期、中期，还是成熟期，沙因并没有说得很清楚。准确的判断很难，不同阶段之间存在交叉，尤其是成长期和中期之间，中期和成熟期之间。成长期一般是指企业高速成长的阶段，中期发展速度放缓，企业开始重视内控，成熟期的企业制度相对健全稳定。但是，成熟期也是相对的，因为任何产品都有生命周期，成熟期的企业也需要转型，转型的过程是一个重新破茧成蝶的成长过程。

成长期和成熟期之间，存在结构性的特征。例如，何时一个企业进入成熟期？有没有从第一代创始人成功交棒给第二代领导是一个重要的标志。为什么呢？因为第一代的创始人在企业中有非常大的权威，企业就像是他们的孩子，有可能规模已经很大了，但是依赖性强。只有创始人成功交棒给第二代领导人，企业的独立性才得到了真正的检验。根据这个看法，华为公司尽管成立于1988年，到2018年已经有了30年的历史，但由于目前实行的是CEO轮值制，第二代领导还没有真正确定下来，所以还不能说进入了成熟期。联想成立于1984年，第一代创始人柳传志于2011年交棒给了杨元庆，退到后台。尽管后来柳传志也有复出，但是整体来看，联想比华为进入成熟期更早。

2019年9月10日，马云正式宣布隐退，阿里巴巴集团CEO张勇接任董事长一职。同一天，阿里巴巴公司宣布了新"六脉神剑"（见图8-1）。新"六脉神剑"价值观由六句阿里"土话"组成，包括：客户第一，员工第二，股东第三；因为信任，所以简单；唯一不变的是变化；今天最好的表现是明天最低的要求；此时此刻，非我莫属；认真生活，快乐工作。每一句话背后都有阿里发展历史上的生动故事。这六句朴素的表述将成为阿里巴巴继续为企业使命和愿景奋斗的文化动力。

新旧版本有什么异同呢？相同之处在于，新版同样对每一个价值观做了具体的诠释和行为描述。例

图8-1　阿里巴巴公司的新"六脉神剑"

如，对于"客户第一，员工第二，股东第三"这条最重要的价值观，阿里公司给出的诠释是："这就是我们的选择，是我们的优先级""只有持续为客户创造价值，员工才能成长，股东才能获得长远利益。"相对应的行为描述有："心怀感恩，尊重客户，保持谦和""面对客户，即便不是自己的责任，也不推诿""把客户价值当做我们最重要的KPI""洞察客户需求，探索创新机会"。另外，这些行为表述将继续在员工考核中发挥作用。不同之处在于：2004年起草旧版本的时候，主要是马云和其他高管对当时已有文化的总结和提炼，同时加入了一些策划、宣称的内容。经过15年的积累，阿里沉淀下来的东西更有厚度了，之所以说新版的六条价值观表述是阿里"土话"，是因为这些表述都是经过时间检验后沉淀下来的，是干出来的，不是策划出来的。

在我国的私营企业，第一代创业者苦恼的一个问题，是如何把企业传给自己的孩子。这就涉及如何培养子女，让他们有兴趣和能力成长为接班人。兴趣有很大的不确定性因素，不少创一代子女不喜欢他们父母创办企业的产品和业务，所以第一代创始人很难交班。在培养能力方面，比较好的做法是把子女送到行业内更大的企业锻炼，或者给子女提供机会，让他们尝试创业。能力基本上是摔打出来的，口头教是教不会的。方太公司的交接班就做得很好，茅理翔作为第一代创业者，1985年创办慈溪无线电厂，被外商誉为"世界点火枪大王"。他的儿子茅忠群本科和硕士均就读于上海交通大学，硕士毕业后，并没有舒舒服服地接父亲的班，而是另起炉灶，和父亲二次创业，与1995年建立了方太公司。茅理翔2005年在方太成立10周年的时候，宣布从方太董事长的位置上退休。茅忠群目前担任方太集团董事长兼总裁，是家族企业接班成功的典范。

在成长期，企业的领导在发展中不断探索和调整，所以这个时期的文化特征往往是企业有浓厚的文化氛围，但也在发展中发生变化。在发展的过程中，企业一方面积累和深化自己的技术，另一方面建立自己的结构。我这里讲的技术，不是狭义的技术，而是指把投入转换成产出的所有方法、制度和流程。所有的企业都需要经历这个过程，但由于成长环境的差异，以及领导人对于环境的理解不同，例如，如何定位市场？如何实现目标？形成了文化变异。

企业发展中经历两种力量：一种是在追求合法性（legitimacy）的过程中所承受的趋同的力量；另一种是从创造和满足用户需求这个根本目标中产生的差异化的力量。所谓追求合法性，不仅是指遵守法律法规，更重要的是指让用户接受自己作为市场中一个玩家的身份。有的行业已经很成熟，在这样的行业里面发展，就不得不遵守很多惯例和规则。如果这种合法性的力量太大，就很难催生独特的文化。有的行业是新兴的行业，企业文化的变异性就很大，同样的行业会产生出很不一样的企业文化。这两种力量中，合法性是基础。有合法性，相当于企业有了经营许可证，只不过这个许可证是无形的，是市场给的，而不是政府或监管机构给的。近些年来，互联网技术的发展对成熟行业提出了很多的挑战，动摇了这些行业习以为常的合法性基础。当颠覆性的技术或商业模式出现，用户能享受到更新、质量更好，而且性价比更高的产品或服务时，行业内传统经营方式的合法性就面临挑战，甚至行业规则被推倒重来。

当企业处在成长期时，由于文化还没有沉淀下来，所以我在上一章提到的导入和强化的方法，同时也是变革的方法。第一代的创始人代表着企业的权威，文化的变革和他们自身的改变紧密相关。他们在经营和管理中不断试错的过程，也是一个文化不断调整的过程，而且对于成长性的企业来说，这些调整非常有意义。打个比方，小孩子在成长过程中，需要打免疫针。所谓免疫针，是人为地引入一些病毒，让人体产生抗体。成长期的企业经历一些挫折，不见得是坏事。相反，有助于形成稳定的文化，相当于组织的免疫系统。没有这个免疫系统，企业没有文化抗体，拖到规模做大了，一遇到问题，可能垮得很快。

在这个变革过程中，作为领导，需要放下自我防御机制，意识到改变自我才能改变企业。如果领导把已有的文化和自己的权威、荣耀等同，那么任何的文化变革会引发强烈的负面情绪反应，从而对变革产生反感。例如，美国管理咨询顾问艾迪斯注意到，许多公司创始人在聘请了职业经理人后，往往不能处理好和职业经理人的关系。例如，创始人把企业看成自己的孩子，工作和生活没有界限。而对于很多职业经理人来说，工作就是工作，工作不能无节制地侵入生活。这常常是双方不信任的起源。加上职业经理人希望带来新的工作方式，难免与旧有的文化体系产生冲突，一旦老板感到自己的权威和面子受到挑战，就会加剧双方的矛盾，甚至不欢而散。

成长期的文化变革，除了领导自身的因素，有两个重点：第一，定期的文化反省。定期的文化反省是指遇到经营和管理问题的时候，管理团队能不能静下心来思考：我们在发展的过程中，是不是偏离了企业经营的基本原则？例如，贴近市场、关注客户是企业经营的黄金法则，企业遇到困难，是不是因为偏离了这条基本原则？企业应该有定期的学习和沟通机制，比如从高管团队做起，设立高管团队每个季度的学习日，结合实际问题，研讨对策，反省失败和不足，加深对基本原则的理解，并在此基础上达成共识。我在一家创业板上市的公司了解到，该公司的高管们定期开"民主生活会"。在会上，高管们坦诚地开展相互批评，真正做到了"刀刃向内"，深刻反省工作中的不足，并及时加以改进。第二，从企业内部选拔和培养人才，尤其需要把价值观认同放在最重要的位置。这个过程中，要把价值观认同和人才的特色结合起来。人才的特色是指他们来自不同的部门，自然有自己的特色，例如，来自生产部门的人才和来自销售部门的人才相比，在控制和纪律性上往往更强。如果企业在成长期的某个阶段需要重视控制和稳定，可能需要有意识地把更多生产部门的人才提拔起来。

8.2　企业文化变革的微观心理机制

◉ 你有没有尝试过转变其他人的思想观念？你是如何做到或放弃的？

企业到了成熟期，文化变革的难度会变得很大。这是因为文化已经渗透到企业的制度、结构、流程之中，沉淀到非正式的人际网络结构之中，尤其是嵌入到权力关系之中。哈佛大学商学院的约翰·科特教授曾经分析了为什么当企业不适应环境变化的时候，不能及时进行文化的变革。他认为有两个原因：第一，现有的文化会使得管理人员对环境的变化变得不敏感；第二，固有的文化会产生巨大的惯性，使得企业实施新的经营战略的难度加大。

能不能改变呢？能。但是，在企业文化的不同层次中，变化的速度是不同的。外显的部分最容易改变，经营和管理风格也相对比较容易改变，但基本假设的改变非常缓慢。已有的文化存在的时间越长，文化变革需要的时间也越长。

文化的改变，归根结底是人思想的改变，外在表现为行为的改变。所以企业文化的变革，需要落实到员工的思想和行为转变上来。沙因提出了一个关于企业文化变革的微观心理机制，很有理论指导意义。在这一节，我结合自己的经验，对这个机制中的一些要点加以补充说明。

文化变革的第一阶段是解冻现有的文化，创造变革的时机。人们什么时候会变化？穷则思变。这里说的穷，不是指没有钱，而是指人们遇到了困难，而且是不得不解决的困难。沙因用了一个术语——证伪。什么是证伪呢？通俗来讲，就是需要让人们意识到，过去的思想和方法不管用了。可是这个变革的起点很难，为什么呢？因为人们一旦对某些理念和做法深信不疑后，让他们怀疑这些东西的有效性并不容易。心理学的研究表明，人们在遇到自己的理念和事实不相符合的时候，会选择性地使用信息，甚至曲解信息来维护已有理念的有效性。

美国社会心理学家费斯廷格作为旁观者曾经亲身经历过一件事情：当时美国有一个教派，宣称自己是上帝的代言人，认定人类即将接受末日审判。和其他的教派不同，他们给出了末日审判来临的具体时间。当他们预计的时间来临前，他们聚集在一处，声势不小，也吸引了媒体来现场报道。媒体想看看当具体时间过了，地球末日并没有来到，这些教徒们面对事实如何尴尬收场。地球末日当然没有来到，可是让媒体想不到的是，这些教徒们经过讨论，面对媒体发布消息称，正是由于他们的虔诚，感动了上帝，所以上帝临时决定推迟地球末日！这个事件生动地说明了，改变人们的信仰和理念有多么的不容易。

让成熟企业中的人们思想发生转变，首先需要让他们有生存焦虑，或者通俗地说，让他们切实地担心公司和自己的未来。他们应该感到，如果自身不发生改变，那么未来的前景会很糟糕。但是，企业还不能只是增加这种担心，因为如果让人们担心过度，导致对改变的信心不足，人们同样也不会改变。经验告诉我们，当人们遇到特别大的灾难或逆境时，绝大部分人的信心会被摧垮，变得逆来顺受。

文化变革的第二阶段是学习。在改变的过程中，人们还需要克服学习焦虑。所谓学习焦虑，是指对适应一种新环境所需要付出的努力的担心，担心自己改变不了。我们每个人在接受一项新的任务、换到新的岗位、搬到新的地点生活，都会产生某种学习焦虑。所以，对于大部分人来说，下意识里是抵制改变的。沙因指出，人们抵制变革，有三个阶段。首先，人们会否定改变的意义，认为改变并不重要。其次，如果顶不住，人们会推卸改变的责任，认为改变和自己无关，如果要改变，也是其他人需要改变，自己不需要改变。最后，如果还是顶不住，改变已经成为大势所趋，人们会想办法和变革的发动者讨价还价，维护自己的既得利益。

生存焦虑是推动改变的力量，学习焦虑是阻碍改变的力量。生存焦虑如果小于学习焦虑，人们不会改变。比较好的方式是什么呢？沙因的经验是，企业需要适度保持生存焦虑，但同时更重要的是，减少人们对改变的学习焦虑。

如何帮助人们减少学习焦虑？在改变过程中，最重要的因素是营造一种心理安全感。心理安全感是指人们在探索性地做出改变的时候，不会担心因为出错而受到惩罚。这个安全感和生存焦虑并不矛盾。生存焦虑是指让人们意识到不变不行，而心理安全感是指一旦人们决定投身于改变中，心理上多大程度上感到，改变是安全的，并不可怕。人们之所以有学习焦虑，主要是担心如下的一些事情：未来前景不明，自己不能胜任新环境，出错后会有利益损失，或者没有面子等。因此，在营造心理安全感时，要让人们感到未来光明的前景，鼓励人们有信心，提供培训和锻炼的机会，改变的过程中没有明显的利益损失，甚至谁先改变了，谁先受益。相反，如果没有心理安全感，人们就会想办法回避失败，抵制改变和创新。例如，近些年来，国内某大型家电制造企业在领导的大力推动下，正进行大的组织变革。但是，旧的层级式、命令式管理风格还很普遍。这家企业的中基层员工似乎没有足够的心理安全感，但生存焦虑又很大，所以在工作中，出现了一些形式化的，甚至造假的行为，应付上级。

心理安全感对于任何形式的改变都很重要，但有些管理者认为心理安全感没有必要，甚至认为给员工提供心理安全感，会妨碍员工接受权威和制度。有些管理者信奉的是强化生存焦虑，甚至希望让员工产生某种程度的恐惧。这种模式带来的是员工沉默，消极的工作投入，表面上看起来有秩序，其实隐藏了很多危机。美国学者卡尔·维克研究了航空母舰、核电站等组织，这些组织在运行中需要非常高的可靠性。如何实现高可靠性呢？我们也许会认为需要强化岗位问责制。维克的发现是，在这样的组织中，心理安全感对于高可靠性非常重要。例如，在航空母舰上，一个甲板清洁人员发现自己的辖区多出一个螺丝，怎么办？别小看只是一个螺丝，有可能是飞机维护时遗漏的。飞机上少个螺丝，会出大危险。正确的方式是鼓励员工报告，然后核查体系在哪里出了疏漏，争取下次不出现这样的问题。不建议的做法是把主要的精力放在追查哪个岗位的员工出了这样的错误，然后惩罚员工，以儆效尤。如果这么做，以后员工再遇到类似的情况，会想方设法逃避，例如，偷偷扔掉螺丝，给组织带来大麻烦。

文化变革的第三阶段是新文化的内化。在第二阶段，人们通过尝试性地学习，掌握了新的理念和工作方法，开始接受新的身份。在第三阶段，需要加深人们对新的身份的认同感。常见的身份有两种，一种是身为某个企业一员的身份，另一种是干什么工作的身份。例如，如果你是惠普公司的一名技术工程师，惠普公司员工是一个身份，而技术工程师也是一个身份。当然两者可以合起来说，惠普公司的技术工程师，形成一个更具体的身份。惠普公司 1939 年创立，是一家成熟的科技公司，90 年代末首次外聘了 CEO，希望带领惠普摆脱当时的经营困境。新的 CEO 卡莉·菲奥瑞娜的确给惠普带来了一次巨大的文化变革，变革可以说是全方位的，即从外部形象到组织结构、激励制度和人事，都做了大幅度的变革。卡莉在任期间最大的动作，就是主导惠普公司并购了另一家大的电脑公司，即美国康柏公司。在这个过程中，如果惠普的员工不断地缅怀老惠普的特征，在做事的过程中不断想到"我们过去可不是这样"，那么员工还没有认同自己新的身份。对于被购并的康柏公司来说，如果员工进入惠普公司后，继续用"我们康柏人如何如何，他们惠普人如何如何"来思想，那么这些员工显然还没有接受惠普的文化。对于成熟公司来说，让员工接受新文化，需要很长的一段时间。卡莉在 1997 年受聘惠普，2005 年离开惠普。她主导发起的惠普文化变革，对惠普的影响一直持续到今天。

人们对新身份的认同需要机制的固化，也就是说，新的制度和结构要有助于人们认同新的身份，并固化新的身份认同。例如，卡莉在发动惠普的文化变革后，在组织结构调整方面，把以前更偏向于分权的事业部制，改成了整体的前段、后端两大组织结构体系。在激励机制方面，减少了平等的因素，增加了和业绩关联的因素。这些变革的目的，是想把一种平等的、分权的、自治的文化，改变成协调的、市场导向的、业绩刺激的文化。在这个过程中，对老惠普文化认同特别深的员工，大多选择了离开，而新的文化逐渐被建立和固化。

惠普的文化变革成功吗？从文化改变本身来说，变革是成功的，惠普的文化的确发生了改变。但是，有两个因素值得思考。首先，惠普的商业战略值得商榷。惠普的新文化，的确比较适合以个人电脑生产和销售为主的公司文化。但是，另一家大的公司IBM，已经对行业发展的趋势做出了判断，即认为个人电脑市场是一个未来不被看好的市场，因此IBM选择退出这个市场。惠普公司则选择了坚持，但从这几年的发展来看，也许惠普公司当初更好的选择是移动互联电子产品。其次，新惠普文化是一种市场导向的商业文化，没有什么特色。不论对客户还是对员工来说，新文化缺乏吸引力。尤其是和老惠普文化相比，丧失了技术创新的优势，显得后劲不足。这种文化内核的缺失影响到惠普公司的业绩，导致它的业绩几乎完全被外部的市场大势左右。而我认为，一个有文化积淀的公司，无论是市场好还是差的时候，都会有比较稳健的表现。

8.3 企业文化变革的三项原则

◎ **你有没有经历或听说过企业文化转型成功的例子？你能从中总结出什么样的经验？**

企业只有不断适应环境的变化，才能基业长青。对于企业文化变革，我提出如下的三项指导原则：守住文化核心、勇于探索未知、允许多元文化。

1. 守住文化核心

也许有人认为，为了增强企业的适应性，需要变、变、变。我认为恰恰相反，需要必要的保守。企业文化变革不是为了改变而改变，而是为了守住和发扬企业的文化核心。文化核心就像是宝贵的孩子，我们不能在倒洗澡水的时候，把孩子和水一起倒掉。其实，文化中最核心的部分，也是最稳定的。守住文化核心，企业就能抵御种种诱惑和干扰，越有可能做到基业长青。

什么是文化核心呢？愿景、使命和核心价值观。愿景和使命都代表着企业的最高目标。使命代表了一个企业承诺要为社会创造何种价值，愿景反映的是一个企业希望自身达到的理想。愿景和使命之间，我建议企业更强调使命，这是因为使命带有利他的特点。偏离了使命，企业的愿景也将成为空想。牢记使命、不忘初心，才能永续发展。

企业应该在行动中坚持美好的使命和核心价值观。所谓美好，是指在经营的业务领域，能给最大多数人带来价值，能让最大多数人产生情感共鸣。相反，如果只是给少部分人带来价值，或者只是让少部分人产生共鸣，这样的使命和价值观值得怀疑。美国已经倒闭的安然公司，是说一套、做一套的反面典型。公司在危机爆发前，表面上倡导客户第一、尊重员工，管理层实际上疏于职守、虚报账目、误导投资人，贪婪地牟取私利。尽管安然公司有过辉煌的经营业绩，但是实践证明，它的做法并不能持久。

什么应该变呢？反映文化核心的制度、流程和行为规范等应该与时俱进，不能因循守旧。例如，我曾经拜访过一个企业，它的企业精神是艰苦奋斗。员工们问我，现在生活富裕了，还需要艰苦奋斗吗？我说当然需要，艰苦奋斗精神再过一百年也不会过时。不过，表现艰苦奋斗精神的行为规范应该改变。过去在恶劣的工作环境下忘我工作是艰苦奋斗，现在为了企业的使命，给自己提出更高的要求，虽然物质上不苦，但是脑力上苦，这难道不是新时代的艰苦奋斗？华为公司提出"以客户为中心，以奋斗者为本"的核心价值观，这种反映文化核心的东西，值得华为几代人的坚守。

2. 勇于探索未知

为了增加适应性，企业需要探索多种可能性。适应性无法通过克隆和复制来达到，必须要有变异的存在，也就是需要创新。创新往往是缺乏效率的，失败是创新不可回避的成本。如果企业用效率的思想来搞创新，往往是虚假繁荣以后，收获甚微。应该怎么做？首先，企业要学会容忍失败，营造一种氛围，让人们感到"只要是高标准地要求自己，失败了，没关系"，从而勇于探索未知。其次，要有容错机制。在出现失败时，重点考虑的不是问责个人，而是思考和改进系统，并给创新失败的人提供重新崭露头角的机会。

在探索未知中，人们应该对"皮格马利翁"心理效应有更多的信心。"皮格马利翁"效应是指，在没有经验证据表明一个信念正确与否之前，付出不懈的努力，美好的理想和信念会变成有经验支持的现实。我认为"皮格马利翁"效应远远不是人类行为的精神安慰剂。相反，它有重大的意义。作家茨威格在《人类群星闪耀时》中的一个纪实故事，生动刻画了"皮格马利翁"效应在人类历史上的作用。1854年左右，一位美国商人居鲁士·菲尔德开始计划铺设美洲到欧洲之间的越洋海底电缆。在当时，这个想法只是在理论上可行，有太多的不利因素妨碍着这个想法变成现实。菲尔德经历了四次失败，第一次电缆铺设了620公里，缆车出现故障，电缆挣脱坠入海底，无功而返。第二次遇到恶劣天气。第三次失败最为惨痛。虽然开始的连接成功，但是成功时间短暂。当众人沉浸在欢乐中时，电缆失效了！菲尔德本人也从英雄一下子变成了罪人，资金完蛋，信用丧失。1865年，菲尔德再次付诸努力，但很可惜，第四次电缆铺设在快抵达目的地的时候出现问题。1866年7月，第五次的努力终于获得圆满成功，遗失的电缆也被找到，两条电缆把两块大陆第一次连接在一起。人类的创造力极大地缩短了时空的距离！

3. 允许多元文化

在当下不断需要变革和创新的时代，企业尤其是成熟企业不能只重视稳定性、控制性，而要在此基础上，重视灵活性、发展性，甚至应该为了灵活性，而损失一些控制性。文化是个内涵丰富的概念，不能仅仅是一元的、大一统的。为什么？因为尽管文化不是用刚性的制度来管理人，但是一元的文化，本质上仍然强化的是控制性，而不是灵活性。强势的一元文化可能让企业在正确的道路上走得更快，从而成功的更快，但是也有可能让企业变得越来越不适应变化了的环境。保留一些多元文化，有利于提高企业适应性。

应该如何做？我用交响乐打比方。交响乐既有主旋律、主乐章，也有变奏和分乐章。类似地，企业需要在主流文化下容忍，甚至鼓励亚文化的存在和发展。只要亚文化不是由于不同政治利益而形成的，而是由于不同的客户特点、分工、层级和地域形成的，就应该允许甚至鼓励这些亚文化的存在。对一个企业来说，适应性可能来自于某种亚文化和主文化的不一致，甚至是建设性的冲突。亚文化和主文化存在差异，不见得是坏事。相反，如果一个企业中只有一种文化，没有亚文化，长远来看，对企业发展非常不利。

如果亚文化更适应环境，那么今天的亚文化，可能变成明天的主文化。但是，即使亚文化成为主文化，也不是对文化核心的否定，而是对文化核心的丰富和创新。为什么呢？第一，如果亚文化和主文化差异很大，在亚文化能强大到变成主文化之前，往往已经被主文化排斥。第二，如果企业中的某种亚文化通过否定文化核心，变成了主文化，有很大的可能性难以持久。第三，如果真的是文化核心发生了改变，那么这个企业尽管名称没有变，但是从文化的意义上讲，这个企业已经不再是过去的那个企业。例如，惠普公司尽管名称没有改变，文化核心已经发生了根本性的变化。从文化的意义上说，今天的惠普公司已经不再是当年两位创始人休列特和帕卡德建立的那家惠普公司。

8.4 个人的适商

◉ 如果一个人要不断自我更新，应该具有什么样的心态？

商（intelligence），是指学习、理解和思考事物的能力，常常用于智商、情商。适商（adaptive intelligence，AI）的目的是适应环境变化。对于个体来说，适应是指个人在面对不确定和模糊的情景时，通过积累新的经验，构建新的知识、价值观和态度的过程。简单来说，适商就是指个人适应环境变化的能力。

适商需要时间的检验，并不以短期结果来做出判断，即不是短期结果好，就是适商高，而是要看长期的结果。适商从哪些方面表现出来呢？主要有以下三个方面：单纯（innocent）、好奇（curiosity）、共情（empathy）。一个人越是具有这三个方面的特点，适商越高。

1. 单纯

单纯是指有纯粹的核心价值观。所谓纯粹的价值观是指：第一，这些价值观是超功利的，是和道德、美、宗教相关的价值观。孔子是单纯的，他坚信仁；孟子是单纯的，他坚信义；老子是单纯的，他坚信道法自然。仁、义、自然之道，都是超功利的。第二，这些价值观带有普遍性，能够唤起让多数人感到美好的情感响应。能获得越多人内心赞同的价值观，越具有普遍性，从而也越纯粹。例如，仁、义、自然之道，还有佛法、基督教等，能唤起许多人感到自我升华的情感响应。

为什么单纯有利于个人适应环境的变化？这是因为纯粹的核心价值

观就像灯塔和指南针，赋予人们生活的意义，指明前进的方向，有助于一个人在充满诱惑的社会中保持定力。相反，如果一个人没有纯粹的核心价值观，就会变成被功利引诱和左右的机会主义者，即使物质生活丰盈，也不能平息内心的空虚和焦躁。

越是超功利和普遍的价值观，越纯粹，例如，正义、利他等。美国发展心理学家迈克尔·托马塞洛通过严谨的科学实验发现，人类儿童在学会语言之前，表现出大量的合作、共情和利他行为。正是这些行为，把人类儿童和人类的近亲大猩猩区别开。从某种意义上说，人之初，性本善。托马塞洛的研究给予我们如下的启发，即合作、共情和利他是纯粹的价值观，是人类出生时的默认配置，是值得珍惜和坚守的核心价值观。

单纯带给人实现纯粹的使命的勇气。纯粹的使命是超功利的，能给最大多数的人带来利益的目标。在实现使命的过程中，会遇到很多的困难。只有单纯，才能提供源源不断的动力，去克服一个又一个的困难。为什么？因为当人处于单纯的状态中，他们的行为本身具有内在价值，是内驱，而不是由外在价值来决定。对于单纯的人来说，解决问题的过程就是回报。

西班牙作家塞万提斯笔下的堂吉诃德就是一个单纯的人，他坚守骑士精神。表面上看，堂吉诃德的所作所为显得傻里傻气，非常可笑。但是，他代表着很多人欠缺的一种品质，即发自内心地相信一些纯粹的使命和价值观。如果想明白这个道理，也许会有更多的人向堂吉诃德学习，行为逻辑将更多由"就应该这样"的价值观决定，而不是由"这样对自己更有好处"决定。苹果公司的前总裁乔布斯曾经呼吁人们应该"stay foolish"，我认为应该翻译成"保持单纯"。也许，他原本就应该用"stay innocent"来准确表达他的观点。

2. 好奇

好奇是指不局限于已有的经验，对新生事物保持敏感和开放。儿童经验少，他们眼中的世界是新的，所以能用新的角度去看待成年人习以为常的世界。这种品质对于创新和变革是非常宝贵的，可惜的是，大部分人在被生活磨砺的过程中，逐渐失去了这种宝贵的品质。

经验是宝贵的，但同时限制了我们的思维。在经验主义哲学中，真理常常被认为来自于归纳。但是，即使我们已经见到了1万只白天鹅，也无法确保遇到的第10001只天鹅一定是白的。也就是说，我们的经验再多，也应该对新的可能保持一定的心理预期。

为什么需要好奇？因为环境的改变不以我们个人的意志为转移。我们对从经验中提炼出来的理论，应该保持开放性，而不是故步自封。有些人一旦通过经验形成某种观念，就变得很僵化。在这些人的眼中，任何的新生事物，都不过是孙悟空变化的障眼法，跳不出他们固有观念的范畴。美国心理学家菲利普·泰洛克通过研究发现，对社会重大政治事件做预测时，很多专家的表现还不如业余爱好者。之所以这样，关键是因为专家对自己的理论太过于自信，而现实常常是复杂多变的，专家们对和理论不符合的现象，往往视而不见，甚至削足适履，从而导致预测和真实发生的结果有大的偏差。

人在经验逐渐增加的同时又保持好奇，的确有难度。好奇需要对新生事物付出探索的努力，跳出舒适区，改变自己。在这个过程中，已经反复被验证的经验和观念，有很大的惯性，阻碍人们去探索。因此，在转变的过程中，有两点很重要：第一，从使命和价值观那里获得改变的勇气和信心。在探索的过程中，即使还没有经验的证据，仍然坚持突破自己，直到获得新的经验的证据。第二，积极行动起来。只有行动起来，积累起新的经验，才有可能从新的经验中归纳出新的理念和观念。有些人虽然自称有好奇心，但是需要他们行动时却瞻前顾后，或浅尝辄止，探索过程中一遇到困难，就缩回到舒适区。

3. 共情

共情是指对他人观念和情感的欣赏与共鸣。共情和爱、利他、分享、包容联系在一起，是一种强大的力量，绝非软弱。这在宗教开创者身上表现的最明显，无论是佛陀，还是耶稣，他们最能体会饱受苦难折磨的人的感受，并用最大的爱和慈悲去解除人们的痛苦。在他们身上，我们见证到强大的力量。共情不是少数人的专利，托马塞洛对两岁半左右的儿童的大量研究表明，共情是人类儿童的默认配置，是人性的本质。

共情使我们能站在他人的角度去理解不同的观点，从而发现值得学习的地方。共情使我们关心他人、关心群体、关心民族、关心国家、关心人类的命运。共情使我们向他人和社会开放，不过分地以自我为中心。这样开放的心态有利于我们更新观念、超越自我。

共情使我们能发自内心地表现出利他和分享的行为。为什么要利他？第一，因为我们从利他的行为中获得纯粹的观念，即超功利的、普遍的观念。第二，人类最本质的特征是具有共享的意图，人们存在"我们"感，进而接受道德规范的约束，这是任何其他动物所不具备的。在一个群体中，帮助他人有利于完成共同的目标，从某种意义上说，帮助他人就是帮助自己。

共情使我们能包容不同的观念，有利于人们之间的合作。但是，共情不意味着包容一切。对单纯的人来说，如果他们发现有人和自己的核心价值观不同，他们会避免和这些人有深入的合作。包容意味着容纳那些尽管和自己的观念不同，但又不和核心的价值观冲突的观念。包容能丰富我们对世界的理解，让我们完善自己的观念，使之更纯粹，有利于调动起最广泛的力量。

高适商的人在环境的变化中，有更大的可能性存续和兴旺发展。但是，适商不能单用结果来定义，不能因为看到某些人很成功，即收入和社会地位高，就认为他们的适商一定高。适商更不是指没有原则的随机应变，见人说人话，见鬼说鬼话。适商对于个人的成功来说，是一个重要但非唯一的因素。个人的兴衰成败，还有其他重要的决定因素，甚至包括机遇和运气。

如果一个群体的适商高，那么这个群体在和其他群体的竞争中，有很大的可能性胜出。和个人适商的三个方面相对应，群体适商高表现出来的特征，其实就是我在上一节提到的企业文化变革的三项基本原则：守住文化核心、勇于探索未知、允许多元文化。

个人在适商上有不同水平的差异。对于一个群体来说，应该由适商高的人来推动群体的变革与创新。德国社会学家齐美尔指出，一个社会的观念水准，是由人数最多的群体的观念决定的。适商高于社会的观念水准，甚至显得不够现实。但是，正是因为这种差异形成的张力，带动着群体和社会的进步。

第 9 章

适应性领导

领导（leadership）和文化的关系很紧密。沙因认为，文化和领导是同一枚硬币的正反两面。文化代表什么呢？文化代表的是一个群体中稳定的那个部分，那个相对不变的"一"。而领导代表什么呢？领导代表的是推动一个群体发展的动力，是代表变化的那个"一"。

文化和领导这两个概念，都和不确定性和模糊性有密切关系。根据我前面讲过的内容，文化是一个群体在应对不确定性和模糊性的过程中形成的集体经验，由于这种经验被历史证明是有效的，所以被这个群体共同接受。领导是领导者发动群体成员解决难题的过程。领导不光包括领导者的个人行为，也包括领导者和被领导者之间的交互作用。借用吉姆·柯林斯在《基业长青》一书中的话来讲，文化代表的是"保存核心"，领导代表的是"刺激进步"。

按照达尔文进化论的思想，最后生存下来的生物不一定是最强壮的，也不一定是跑得最快的，而是最能适应环境的。对于企业来说，这个思想有什么启发意义呢？我认为，要面向未来，提前做出准备。在过去环境当中积累起来的经验，当环境改变的时候，并不一定有效。尤其是当今这个 VUCA 的时代，成功可能变成失败之母。

领导是对文化的一种平衡。文化的本质是对群体的控制，没有一定的控制，群体发展不起来。但是，如果控制得太厉害，群体就会失去活力。就像一个人，如果不动，只有呼吸，很有可能这个人是静坐或睡着了。如果一个人不动，也没有呼吸，那就死掉了。生命的本质在于运动。

领导代表着一种变革的力量。一个好的组织，文化和领导之间应该有一个好的配比。如果一个企业不断地去更新，但像黑瞎子掰苞米一样，掰一个扔一个，积累不下来经验，也有可能很快垮掉。极端的例子就是利润至上的机会主义，因为没有优秀文化的引领，所以什么看起来赚钱就去干什么，由于难免有失手的时候，所以常常突然把一个企业做死。一个企业需要知道自己能干什么，更要清楚自己不能干什么，这是文化的力量。

| 9.1　模糊与领导 |

◉ **你有没有做出过心理上非常矛盾的决策？为什么非常矛盾？**

本书多次出现了模糊这个词。什么是模糊呢？简单地说，模糊就是不清晰、不稳定和不一致。我在大学本科期间，学的是电子工程专业，课程内容强调清晰的逻辑和公式。因此，当我在研究生阶段刚开始接触管理学的课程时，有一段时间很不适应，感到在管理学领域中，难以找到物理世界中的清晰规律，好像很多东西都是 it depends（视具体情况而定）。当然，在企业文化领域学习多年后，我已经习惯了从模糊的视角认识组织中的决策和管理，对华为公司任正非提出的"灰度哲学"有共鸣，甚至欣赏模糊带来的灵活性和开放性。

模糊本质上来源于三个方面：复杂、语言、距离。复杂是认识对象的性质，涉及的要素越多，要素变化越快，要素之间相互影响越密切，就越复杂，认识起来越具有模糊性。特别是在组织中，由于各种政治集团和小群体的利益错综复杂，暴露真实的想法对自己可能不利，因此人们倾向于隐藏真实的想法，从而带来了模糊。语言是人类作为认识主体用来交流经验的工具，语言本身的歧义和特定语境性，以及语言表达的局限性，都为人们的沟通和交流带来模糊性。而距离反映了认识主体和认识对象之间的关系。人们和认识对象之间的距离影响对模糊的感知，离得太远，不了解具体情况，难以做出清晰的判断；离得太近，陷入局部细节，也容易从整体上感到不清晰。我这里所说的距离，主要不是指物理和时间距离，而是指心理距离和知识距离。

组织管理学家詹姆斯·马奇教授认为，模糊常常表现在三个方面。第一，是社会现实的不清晰和不一致性。社会现实和物理世界不同，是社会构建出来的。也就是说，社会现实不是一种客观的物理存在，而是被人类的语言撰写出来，并在某个社会群体中形成共识的。所谓的社会现实，建立在文化的基础之上。当一个人进入某家企业后，还没有理解企业文化时，容易感到模糊性，常常会遇到各种惊奇或意外的事情。当人们发现已有的文化不能提供一个合理的解释时，同样也会感到模糊性。无论是文化还是领导，都是为了给人们提供一个合理的意义解释框架。

第二，是因果关系的不清晰和不一致性。当问题出现时，人们尝试为问题找到原因，但往往局限于在近期、局部和问题的附近寻找，而容易忽略长期、全局和遥远的原因。例如，当出现绩效问题时，人们倾向于在具体负责的人身上找原因，而容易忽视更深层的原因可能是体系设计有问题。当企业获得成功时，管理者们倾向于夸大自己的领导力，忽视好的经济周期可能起到的作用更为重要。人们通常喜欢线性、单向的因果关系，这样的解答往往显得清晰而有序。但是，在复杂系统中，因素之间很有可能存在相互作用的关系。例如，人们习惯于把企业文化和企业绩效联系在一起，希望发现什么样的文化带来好的绩效。但实际上，企业文化和企业绩效之间的关系，并非简单的因果关系，可能是相互影响的关系。

第三，是目的性不清晰和不一致。人们倾向于认为任何行动都有目的，而且目的建立在效用偏好和身份认同的基础之上。传统上，人们崇尚理性地行动，理性的特征是清晰、稳定和一致的效用偏好（preference）

与身份认同（identity）。但是，人们的效用偏好与身份认同似乎并不总是清晰、稳定和一致的。人们在工作和生活中似乎并不那么理性。例如，行为经济学家凯尼曼和特维斯基的研究发现，人们在收益的决策框架下回避风险，却又在损失的决策框架下追求风险，人们的效用偏好是不一致的。马奇和科恩发现，决策可能不是有条理、一步步发生的理性计算过程，而可能是决策问题、决策方案、决策者之间的某种机缘巧合。例如，一个问题得以解决，可能碰巧是决策者新增了相关的资源。

当群体遇到问题时，如果凭借已有的集体经验能够找到解决方法，那么就不存在对领导的需求。企业的制度和文化就是已有集体经验的体现，制度是具体的集体经验，相对来说，文化更强调抽象的集体经验。领导的意义在于，当群体面临模糊性的难题，发现没有既有的集体经验可以遵循，或者既有的集体经验失效时，领导变得尤其重要。领导者需要发动群体成员，通过解决难题的过程，应对模糊，更新和发展已有的集体经验。

9.2 适应性领导

◉ 请描述你见到过的企业变革中最难的一个例子，并解释为什么难？

哈佛大学肯尼迪管理学院罗纳德·海费茨（Ronald A. Heifetz）教授认为，组织需要解决两类基本问题，一类是技术性问题，另一类是适应性问题。技术性问题的特点是，问题本身的界定清楚，解决方法的执行路线也清楚。适应性问题的特点是，问题本身的界定模糊，解决方法的执行路线也模糊，需要通过探索和学习来明确问题，找到方法。

由于适应性问题和人的思维方式或观念有关，所以解决适应性问题，非常具有挑战性。1986 年，美国"挑战者"号航天飞机升空 73 秒后爆炸，机上 7 名宇航员全部不幸罹难。表面上看，这起事故是一个技术性问题，原因是右侧固体火箭助推器的"O"型环密封圈在低于常温的情况下失效。这场灾难本来可以避免，有工程师在发射前提出了质疑，但管理层却选择性地忽略了质疑。为什么会忽略？本质的原因是工程师的深层思维模式是"条件完全成熟才能干"，而管理者的深层思维模式是："有条件要干，没有条件创造条件也要干"。这两种思维模式并没有绝对的孰是孰非，但如果缺乏协调和解决两种思维之间冲突的机制，发生事故在所难免。

适应性领导是领导者面向不确定性和模糊性，进行学习和探索，积累新的经验，并将这些经验用于影响被领导者的过程。适应性领导的目的是解决适应性问题，从而推动企业文化的变革。在美国"挑战者"号航天飞机事故发生后，NASA 经过反思，采取了领导小组的方式，成员大多数是从工程师做起，成长为管理者的一批人。由于他们能理解工程师的思维和管理者的思维之间的冲突，所以他们在安全性和成本之间权衡后，做出的决策更有质量。

关于领导的学说，有的从领导者角度来定义，有的从追随者的角度来定义，例如，追随力这个概念。但是，这两个角度的定义都有缺陷。我认为领导和文化一样，是一个群体的属性。领导力强调领导的结果，是对群体运动属性的提炼，是从一个群体当中人们不断地社会交互中形成的一种状态。所以，我主张不能把领导力归结到某个人的头上，应该从群体层面来认识领导力。一个巴掌拍不响。如果领导力通过领导者和追随者之间的交互形成，那么这两个群体都很重要。如果只是领导者高瞻远瞩，但追随者不给力，领导者说什么都不信，群体就表现不出领导力。反过来，如果追随者给力，愿意改变，但领导者故步自封，这个群体也没有领导力。

适应性领导强调领导的群体属性。我认为，把领导看作是一种群体的属性，有利于占据管理位置上的人保持一种谦虚冷静的心态。他们应该明白，一个群体的改变不仅由于他们个人的某种特质、能力或行为，还是其他成员配合的结果，是交互的结果。不过，虽然我认为领导是一个群体概念，但我不否认个人在领导中的作用，只是很多情况下，个人的作用并没有流行的管理书籍里面所说的那样大。一些管理者对自己的领导力盲目自信，但很多情况下他们所谓的领导力，其实是他们所占据的职位具有的法定权力。人们容易把职位带来的权力归因到个人身上去，甚至陷于不同程度的自恋。而正如我在基本假设一章中关于人与人关系提到的，极端的自恋是严重的人格缺陷。

9.3 适应性领导的行动方案

◉ 你认为应该如何解决适应性问题？

适应性领导不等同于权力。在一个组织中，权力大的人可以发动文化变革，以及在领导活动中表现出高超的技能和艺术，也能导致企业文化僵化保守，以及在适应性领导活动中表现得很糟糕。权力结构是领导活动的重要制约因素。很难想象，一个缺少权力的领导者能发动文化变革，以及在领导活动中起到核心作用。

在当今这样一个复杂多变的时代，解决适应性问题对于企业来说，变得更重要。那种解决技术性问题的领导方式，即"领导者高瞻远瞩，下属埋头执行"，将越来越难以奏效。作为领导者，应该让广大员工有机会发挥积极性和主动性，愿意并能够在岗位职责范围内作出决策，提出改进建议。组织需要的不只是人的一双手，更需要他们的脑子和心，需要他们用好自己的知识、经验和判断力。

适应性领导有规律可循,主要包括以下六个要点。其中要点一、二、三主要和认知相关,要点四、五、六主要和行动相关。完整的适应性领导,应该是知行合一的活动。

1. 跳出画面,看清全局

任何问题都嵌入在一定的背景中。发现适应性问题的基础是对问题嵌入的背景有全面深刻的了解。为什么?因为适应的目的不是为了局部最优,而是希望在尽可能的情况下,达到全局最优。海费茨教授用了一个舞会的比喻来说明这个观点,他认为要发起适应性领导活动,第一步是从舞池中走出来,然后走到有全局视野的阳台上,认真观察舞池中人们的言行举止。看清全局后,再回到舞池中,尝试其他的步骤,有时可能需要反复进出舞池。在这个比喻中,舞池指的是工作场所,阳台用来形容能观察到全局的位置。

管理学大师德鲁克认为,如果希望看清全局,需要把自己想象为旁观者,所谓"旁观者清"。联想集团创始人柳传志先生也对管理人员提出,要建立"跳出画面看画"的思维模式,即做到跳出画面、看清全局。很多人无法暂时摆脱个人或本位利益得失对思维的限制,而这种限制恰恰是跳出画面,看清全局最大的障碍。因此,实践中把自己想象为旁观者其实并不容易,需要一定的训练。例如,有的组织心理学家建议,集体开会的时候,如果你把椅子向后移动20厘米,更有可能看到集体讨论中其他人没有意识到的盲区。

跳出画面、看清全局的过程中,需要跳出多远?我认为中等距离是最合适的观察和思考的距离。这里的距离不是指物理距离,而是认知和心理距离。为什么是中等距离?离得远,我们看不清认识对象;离得近,认识对象的细节又呈现太多,变得纠缠不清。决策的旁观者往往会在观察中发现秩序,并宣称秩序具有普遍性。可一旦他们的角色转换为决策者,变成局中人,就会感知到各种形式的混乱和不一致。因此,跳出画面后，如果要真正理解全局、看清全局，往往还需要多次出画、入画、再出画、再入画的循环。

如何培养解决问题的全局观？我有如下三点具体建议。第一，换位思考。把自己想象为你的上级或客户，试着从他们的角度来看待和思考问题。第二，高人指导。高人就是能力比我们强，经验阅历比我们丰富的人。例如，你有没有一个职位高你两级的导师帮助你分析问题，并给予建议？高两级的导师是指上级的上级，或者是和上级的上级职级平行的人。他们的意见之所以重要，是因为他们的能力和位置，往往能帮助我们很快看清全局。第三，信息校验。你有没有信息来源广泛的高质量人脉关系？信息来源广泛，尤其是从不同角度获得的信息，有助于我们做出更全面的判断。同时，这些信息需要来自于高质量的人脉关系，他们愿意向你提供可靠的信息。

2. 识别适应性问题

识别出适应性问题，以及问题产生的根源，才能对症下药。技术性问题和适应性问题往往一起出现，需要区别开它们。海费茨教授提出过一个经验方法，如果解决一个问题后，过一段时间类似的问题又重新出现，那么这个问题很可能是适应性的问题，而不是技术性的问题。适应性问题难，难就难在：想要解决它，需要人们从思维方式和观念上发生转变。

私营企业在发展过程中，会遇到以下两个常见的适应性问题：第一，重人治，缺法治。因此，需要补上法治的短板，有意识地倡导和尊重制度的权威性。在有制度的情况下，创始人应该带头遵守制度。遇到一些困难决策，没有制度或制度不清晰，仍然需要人治，但应该尽量把必要的制度建立起来，以便将来遇到类似的情况，有规章制度可循。第二，表面上看是市场经营出了问题，实际上是创始人能力达到极限。如果企业的创始人不能意识到这一点，会出现高管频繁替换，但企业却走不出困境的现象。相反，如果企业的创始人意识到这一点，有利于通过各种机制来应对，例如聘请更有能力的 CEO、提高企业的学习能力、强化制度化建设等方法。在应对这些适应性问题的过程中，企业的创始人能不能带头转变思维很关键。如果把自己的权威、荣誉或情感凌驾于企业之上，而不以是否有利于事业发展为出发点，就很难作出根本性的转变。

国有企业改革进入深水区，会发现最难的问题是适应性问题。以国有企业三项人事制度改革为例，思路很清晰：员工能进能出、干部能上能下、工资能高能低，但推行过程中阻力重重。为什么？最本质的原因，是国有企业文化体系中一些固化的观念，尤其是国企干部中的官本位思想，以及员工和企业过度嵌入的关系。这些固化的观念是阻碍改革的适应性问题。根深蒂固的官本位思想导致一些国企干部习惯于向上看，过于关心上级的喜好，而不真正关心企业的市场地位。我建议，国企干部的考核要更市场化，考核主要看业绩。评价要更民主化，加大群众对干部的评价比重，全面评价干部的综合素质和能力。另外，在不少国有企业中，员工和企业之间是一种过度嵌入的关系，固化的观念是：员工是企业的主人，企业要为国家维稳，国家要为企业兜底。在这种观念影响下，一些国企一方面留不住人才，另一方面又沉淀了沉重的人员包袱。如果要走出困境，需要转变员工的思想。我建议，不要仅仅提倡员工是企业的主人，而更应该提倡员工是工作的主人。国企是属于全国人民的，在国企工作的员工，主人的身份占一部分，但大部分的身份是管家。管家能力强，干得好，必须给奖励，但不宜混淆主人和管家的身份。对于能力强的管家，东家的代表（即国资委和各级地方政府）应该在明确目标结果的情况下，进一步放权，让管家能在规则范围内自主决策，激发他们的工作热情。

尽管解决国有企业的适应性问题非常有挑战性，我对解决问题的前景抱有乐观的态度。这些年来，我在教学中认识了一批来自国有企业的管理干部，加深了对国企干部队伍的认识。我发现：一旦把能力出众、改革动力强的领导选拔出来，放在一把手的位置上，企业就能发生可喜的显著变化。还有一批年富力强的中层干部，他们不仅认同党的领导，而且思想也很市场化，有推进改革的强烈愿望，和其他观念保守的中层之间差别很大。他们将成为转变国有企业中传统思维方式和观念的中坚力量。

3. 清楚地知道利益相关方的关切点

解决适应性问题，需要清楚地知道利益相关方的关切点。在此基础上，充分照顾到各方的利益，建立起最广泛的同盟。转变人们的思想观念非常具有挑战性，心理学的研究表明，人们在思想观念上倾向于保守，如果遇到和自己的观念不同的事实，他们会选择性地使用信息，甚至曲解信息来维护自己已有的观念。而人们之所以在思想观念上保守，是因为担心各种损失，包括有形的利益损失和无形的心理损失。只有清楚地知道人们的关切点，缓解人们对于变革的担心，才能获得最广泛的支持。

我参加过一项咨询项目，帮助一家有深厚文化积淀的国有电力企业做文化建设。包括高层和中层在内的企业管理人员，认可课题组通过文化诊断发现的问题，也对文化变革的大方向有共识。但是，在讨论文化理念层的具体措辞时，能明显感到企业的高管和企业的中层管理人员有不同的关切点。一把手年轻有为，希望通过有魄力的文化变革，带动企业的经营和管理水平更上一层楼。资深的中层管理人员则担心文化变革用力过猛，威胁到既有的权力和利益格局，甚至威胁到他们的岗位。最终通过的方案，是在保持大原则的基础上，反复磋商的结果。例如，对于企业精神的表述，重要的修改就有四次。

国有企业人力资源改革的关键，在于培养起能力强的员工队伍。越是能干的员工，越不担心流动。只能抱着一家企业不放手的，往往是能力有限的员工。当然，造成他们能力有限的原因很多，有些原因不是个人因素，而是体制和历史的原因。我建议，应该把员工的关切点从终身雇佣，引导到拥有受雇佣的能力上来。需要强调，能力是指在市场上有价值的能力，而不是各种欺上瞒下的印象管理能力。这就要求国有企业把人才培养机制的优先权提升,加大投入,并通过内部流动,例如轮岗,或通过建立内部人力资源中转池,给员工内部流动提供机制,锻炼员工的适应性。近几年来,国有企业的人才流失是个普遍现象,需要企业反思、总结流失的深层次原因,以及分析流失人才的特点。应该去除阻碍人才在国有企业内部发展的制度化因素,尤其是在提拔人才时,坚决突出有市场竞争力的能力因素。国有企业要坚持干部的党性教育,不断提升干部素质,同时也要培养尊重市场,认可能力的意识,改变"只要听上级的话,就是好干部"的现象。

4. 营造和保持适度的压力

根据埃德加·沙因教授的观点,要使人们思想发生转变,首先,需要让他们有生存焦虑。通俗地说,就是让他们切实地担心自己的未来,感到如果自身不发生改变,那么未来的前景会很糟糕。但是,组织不能只是增加这种担心,如果人们担心过度,对改变的信心不足,同样也不会改变。其次,需要帮助人们减少学习焦虑。所谓学习焦虑,是指对适应一种新环境所需要付出的努力的担心,担心自己改变不了。对于我们大部分人来说,当思维方式和观念需要转变时,下意识里是抵制改变的。

沙因教授指出,人们抵制变革的行为,通常按照如下三个阶段表现出来。尽管我在上一章也讲到过,这里也值得再强调。首先,否定改变的意义,认为改变并非必要。其次,如果改变的必要性已经被多数人认同,会转而推卸改变的责任,认为如果要改变,也是其他人需要改变,和自己无关。最后,如果还是顶不住,改变已经势在必行,会想办法和主导变革的领导者讨价还价,维护自己的既得利益。对于领导者来说,如果人们开始讨价还价,应该把它看作是一个积极的信号:这说明人们已经准备开始做出改变了。

生存焦虑是推动改变的力量,学习焦虑是阻碍改变的力量。如果生存焦虑小于学习焦虑,人们不会改变。只有生存焦虑大于学习焦虑,人们才有可能改变。需要注意的是,组织不能一味地通过增加生存焦虑来实现改变。当人们的生存焦虑太大，感到改变无望，反而会顽固地抵制改变。为了促使改变，组织一方面需要适度保持生存焦虑，另一方面，减少人们对改变的学习焦虑更为重要。在帮助人们克服学习焦虑的过程中，要营造一种改变过程中的心理安全感。如果缺乏心理安全感，人们就会想办法回避风险，抵制改变和创新。例如，国有企业在推进混合所有制改革的过程中，需要动员一批管理者放弃国有体制的身份，在新成立的混合所有制公司中签订市场化的雇佣合同。为了打消这些管理者的顾虑，有些国有企业出台了相关制度规定，即如果管理者在新的公司感到很不适应，可以在一定的时间内（例如三年内）转回原体制。

华为公司的领导人任正非先生在这方面有杰出的表现。他在华为公司还没有真正遇到危机时，大声地提醒员工，"冬天要来了"，用"华为的红旗还能打多久"，"下一个倒下的会不会是华为"来营造一种危机氛围，让员工们警醒，保持一种积极求变的心态。当行业的寒冬真的来临，他又大声疾呼："冬天来了，春天还会远吗？"给干部和员工们鼓劲。华为公司在探索中走出了一条国际化的道路，开辟了新的市场增长点。

华为的红蓝军机制是一种自我批评、自我施压的机制。这一机制源于部队军事演习时的红蓝军对抗。"红军"代表企业现行的战略发展和管理模式，"蓝军"代表主要竞争对手或创新型的战略发展和管理模式。"蓝军"的主要任务是唱反调，虚拟各种对抗性声音，模拟各种可能发生的信号，甚至提出一些危言耸听的警告。例如，华为在2018年出台了《人力资源纲要2.0总纲》，面向全社会公开，听取各方意见。华为的蓝军参谋部在汇总了各种反馈意见后，提出了十项批评，有些批评的语言是针对任正非的。例如，"在人力资源具体政策的执行过程中，存在任总过于强势、指导过深过细过急的问题""这几年，任总强调聚焦的多，'收的'多，对一项新技术、新事物，在没有看清楚之前否定的多""任总这几年对公司变革的态度一直是提倡多改良少革命，多做增量性变革。导致现在出现了另外一种情况，我们公司上上下下中庸之道用得太极致了,灰度灰度再灰度,妥协妥协再妥协。人人都知道要改革,不改不行,但多年来是讨论讨论再讨论、一直没改成"。我认为,这种做法有积极的意义,提供了让不同声音发声的机制。在蓝军参谋部工作的人,职责就是质疑现行的做法,这让他们在发出不同声音的时候,减少了心理压力。

5. 在信任的基础上,开诚布公地探讨矛盾

医生面对疑难杂症,要想取得好的治疗效果,需要和病人建立起相互信任的关系。为了解决适应性问题,领导者需要和他人建立起信任关系。否则,人们很难接受改变。信任来自领导者和他人之间根本利益的一致,以及领导者的品德和过往的声誉。有一位创业企业家曾经告诉我,尽管他有成功的股权改制经验,但向不熟悉的人介绍经验时,由于这些经验对于对方来说是陌生的,所以即使他把经验倾囊相助,对方也是将信将疑。

在信任的基础上,应该坦率地直接面对适应性的问题,不能回避和转移矛盾。否则,顶多延迟适应性问题,等到问题再次爆发,更为激烈。适应性的领导者会把人们的注意力聚焦到矛盾上,让人们感到不适,但却创造性地引导人们解决矛盾。GE 公司的前 CEO(任期从 1981—2001 年)杰克·韦尔奇上任之初,接手的是一个弥漫着官僚主义气息的公司。他上任后,坦率地面对矛盾,推行了一系列新的经营和管理措施,把 GE 重塑成一个充满活力的巨无霸公司。例如,公司当时存在大量的冗员,必须缩编。怎么办?在韦尔奇的推动下,公司实施了称为"271 活力曲线"的绩效管理措施。这里面最难的,是 10% 的员工要被淘汰。韦尔奇告诉管理者们,如果不能在员工职业早期就发现这最次的 10%,不仅仅是他们作为管理者的失败,在道德上也是一种伪善。因为当企业业绩下滑,必定会有一个 CEO 上台,并迅速做出裁员。如果因为管理者的伪善,导致员工到了职业的中后期才被裁,对于他们来说更残酷。这个例子给我印象最深刻的,是韦尔奇让管理者直面一个很棘手的难题,即淘汰不

合格员工，但同时也启发管理者们认识到淘汰不合格员工的积极意义，使管理者们在面对被淘汰人员的时候，减少了道德上的负罪感。

适应性问题需要人们一起行动起来，共同寻求解决方案。在这个过程中，领导者可能也没有标准的答案，但是能问出正确的问题，明确努力的方向，以及在这个过程中给予人们充分的鼓励，争取各种资源。我曾经教过的一位 MBA 学生说，领导就是给人方向，给人希望，给人力量。我用自己经历过的一个例子来说明。我的父亲曾经做过一个手术，术后不停地打嗝，睡不成，严重影响术后恢复，很苦恼。但是，主治医生束手无策。我和母亲万般无奈，求助于一位多年的老朋友。他是一位全科医师，自学成才，有丰富的经验。他帮助我们分析打嗝的原因，指出可能是手术后，个别神经没有复位，这给我们寻找办法指出了方向。最后，我们摸索出来的方法是：在保证伤口缝线安全不裂的情况下，让我父亲闻加热过的辣椒面产生的刺激性味道，激烈地打喷嚏，居然神奇地治好了打嗝！我在亲历过这个事情后，对于临床医学实践中需要面对问题的复杂性，印象深刻。我之所以举这个例子，是因为管理实践和临床医学之间，有很多类似的特点，即很多问题，权威不见得有标准答案；即使有，也不见得对自己有效。要想解决问题，需要在他人的帮助下，明确大的方向，至于具体的解决方案，还得自己结合实际去找出来。

6. 让转变中的人们参与到行动中

人们对于被动接受的指令难以产生承诺感，从而容易放弃。因此在变革的过程中，要广泛听取群众意见，让受到影响的人们参与到变革中来。让人们支持一项工作最好的方式，就是让他们参与到工作中来。心理学家达里尔·贝姆（Daryl Bem）通过研究发现，当人们处于模糊情景中，或者还没有形成稳定的态度时，人们根据自己的行为来推断他们的态度。因此，让人们更新思维和观念的一个好办法，就是动员他们行动起来，大胆地做出尝试。

我国在 50 年代末、60 年代初的时候，以鞍钢为代表，创造出了"两参一改三结合"的管理模式。"两参"即干部参加生产劳动，工人参加企业管理；"一改"即改革企业中不合理的规章制度；"三结合"即实行企业领导干部、技术人员、工人三结合的原则。这是非常好的方式，符合适应性领导的要点，而且不管是干部或工人，都能从活动中获益。可惜的是，在那个政治挂帅的年代，这个管理模式在执行中逐渐背离了解决适应性问题的目的，走了样，变得形式化。其实直到今天，"两参一改三结合"的管理模式对于企业，尤其是国有企业，仍有借鉴意义。观念的转变不是凭空发生的，需要有行动的抓手。要做到真正有效，需要从企业的高层开始，转变工作作风，坚持"两参一改三结合"的管理模式，带动整个企业通过行动来推动文化变革。

韦尔奇在美国 GE 公司主导发起了"群策群力"（workout）的活动。韦尔奇认为，解决庞大官僚机制所带来的问题，清除官本位思想，最有效的办法就是调动一线员工，参与管理决策，集思广益，从而使复杂的运营管理得以简化，运营效率得以提升。韦尔奇回忆道，80 年代后期，他在 GE 的培训中心，与学员交流时，鼓励学员提出各种问题。韦尔奇认为，"我们必须改变这种状况，我们必须解决这些问题，我们必须把了解问题答案的一线员工带到现场决策中来，我们必须要求言行不一的管理者直面员工。""群策群力"活动把管理人员和员工充分调动起来，通过切实有效的行动，打破了管理人员和员工在过去官僚机制下形成的思维惯性，推动了 GE 的文化变革。

第 10 章

高赋能组织管理模式

我参加了很多管理者的培训项目，作为课程教师，我最开心的是学员们成功地在工作中应用了我介绍的管理知识或实践，最苦恼的是学员们无法把学习到的东西在实际工作中应用。很多时候，学员们在课堂中很有启发，觉得自己有提升，产生了变革的想法，但是回到实际工作场景中，过一段时间，又重新回到了老路上。

我反思，寄希望于通过提升个体的管理理论和实践知识来提升他们的所谓领导力的方式，也许并不是最好的选择。除非学员们有权力改变组织的体制和机制，否则很难做出实质性的改变。因此，我希望企业能改变现有常见的权力结构，把权力下放。但是，如何保证在下放权力的时候，组织不失控？我认为，下放的权力最好交给结构、流程和制度，而不是依赖人的自觉性。为了简化用语起见，我用机制这一个词来概括结构、流程和制度。

这并不是说，我否认培训的重要性。我承认以个体特质和行为为基础的"领导力"培训——虽然这不是我理解的领导力——的确能帮助人们增加影响力，或者更好地管理自己的资源和工作方式等。但是，我更希望组织能通过建立起机制的方式，来保证领导力的运行。

近些年来，我在教学和研究工作中做了一些探索，提出了高赋能组织管理模式，或称高赋能组织管理机制。高赋能组织管理模式是指通过帮助员工建立使命感，授予干工作的自主权，增强员工的能力，充分调动员工工作内在积极性的组织管理机制。这种模式的关键词是赋能，核心思想是指减少自上而下的控制，让员工拥有更多的权力，从而有更多决策和行动的自主空间。具体地，主要包括以下三个方面：第一，赋予正式的权力；第二，提升能力，与正式的权力匹配；第三，信息开放透明。这三个方面对应着权力的三个来源：法定权力、专家权力和信息权力。我之所以强调这三个方面，是因为法定权力、专家权力和信息权力是最基础的权力来源，而其他的权力来源，例如，奖赏和惩戒权力，是从法定权力衍生出来的。

我提出从五个方面作为行动指南，建立高赋能的组织管理模式。图 10-1 反映了五个方面的关系，整个模式像是一座房子，有一个地基（指南 1），三个支柱（指南 2、3 和 4），以及一个房顶（指南 5，代表希望人们达到什么样的状态）。

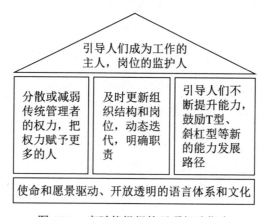

图 10-1　高赋能组织的五项行动指南

10.1　建立使命和愿景驱动、开放透明的文化

◉ 你认为在一个理想的企业中，文化应该是什么样子的？

语言是思维的工具，也是文化的重要载体。如果希望改变人们的思维和文化，需要首先改变语言。人们不断地使用一种语言，包括一些用词，就会逐渐形成和语言联系在一起的思维和文化。组织应该建立愿景驱动、开放透明的语言体系和文化。

要让员工长期保持积极向上的状态，需要通过使命和愿景驱动。作为组织，需要有一个清晰有力、立意高远的使命和愿景，协调组织中人们的努力，驱动他们为之奋斗和努力。企业家应该在这方面承担起责任，制定企业的使命和愿景。企业家在使命和愿景中反映出的眼界和思想深度，决定了企业可能发展到的高度。好的使命和愿景，应该使员工感受到工作的意义，尤其是谋生以外的意义。

华为公司的使命是"构建万物互联的智能世界"。在非洲开展业务，工作环境往往非常艰苦。有一位不到30岁的年轻人，是华为驻非洲某国的代表，他说，"当我在尘土飞扬的马路上，每次看到温饱问题还没有完全解决的非洲同胞，拿着手机在打电话的时候，我的内心就产生一种巨大的成就感和自豪感，因为这个国家的通信网络是我和我的十几个兄弟牵头给建起来的，是我们中国人建起来的！"这段话形象地说明了，愿景和使命能够给人力量，让他们坚守在条件艰苦的市场。

作为一家已有50年历史的国有企业，中建三局从艰苦奋斗的发展历程中，锻造了自己"敢为天下先，永远争第一"的企业品格，高标准地履行了母公司中国建筑"拓展幸福空间"的企业使命。虽然中建三局的名字可能不如华为公司那样为社会大众所知，但这是一家同样优秀的企业。我看到一项2017年10月的统计，报道中国300米以上的高楼有64座，中建三局承建和参建的就有近50座。作为一家国企，中建三局既有核心技术竞争力，尤其是超高层建筑的施工技术，同时在几十年不等不靠、积极拼搏的奋斗历程中，具备了丝毫不亚于私营企业的市场意识，涌现了很多令人振奋的人物事迹。

为了落实使命和愿景驱动，要求员工重视工作的改进和自我的提升。

例如，美国网络电商美捷步公司不鼓励人们使用"问题"这个词，而是使用"张力"（tension）这个词。问题这个词多少带有消极负面的含义，而且问题和问责往往联系在一起。一些管理者口头上鼓励下级多发现问题，但是如果下级真的汇报了棘手的问题，他们会很不高兴。久而久之，形成一种消极回避的文化。张力是指事情本来可以运行得更好，但是却未能达到这种理想状态时，人们感到的一种不适。张力鼓励人们积极主动地去想如何把工作做得更好。当然，张力这个词是直译过来的，在中文中念起来有点拗口，也可以考虑换成"改进点"，同样反映内容本质。使命和愿景驱动的文化鼓励员工不断地思考如何改进，如何把工作完成得更好。

开放透明首先是各级员工能行使相应权力的重要基础。如果缺乏信息，即使把权力下放或分散，拥有权力的员工也很难做出准确有效的决策。其次，开放透明本身蕴含着监督和激励的力量。例如，在谷歌公司，每个员工都可以看到公司其他人的绩效目标，以及完成的情况。在团队中，不仅每个人的绩效目标公开，而且工作进展状况也需要及时和同事们分享。例如，在周例会上，员工汇报各自岗位的工作进展，管理者协调整个团队的工作进程，配置相应的资源。这种开放透明的方式，既是保持沟通和协作的需要，也能很好地起到监督和激励每个人工作的效果。这个会可以一周开一次，如果必要，甚至可以一天开一次。通过这样的方式，员工们不仅及时获得了开展工作所需要的信息，而且会感到公平性更高。公平性来自于：第一，由于信息公开，管理人员需要更负责地做出和人员管理有关的决策。例如，对下级进行考核时，由于所有的员工（包括上级）都能看到各自承担的目标和任务完成的结果，管理者需要客观公平地对下级的工作成果做出评定。第二，那些企图偷懒的、"搭便车"的，以及浑水摸鱼的，在这种公开透明的工作氛围中，会感到很大的压力。

10.2　合理赋权

◉ **一个人是不是必须有下级向他或她汇报，才能成为一名管理者？**

德鲁克高瞻远瞩地指出，负责决策和行动而又有助于提高组织工作效能的人，都可以称为管理者。我曾经问一位在职 MBA 学生：你觉得自己是一名管理者吗？她说，是。我接着问，你管理几个下级？她说，我没有下级。我再问，没有下级，怎么能是管理者？她说，我虽然没有下级，但是我的岗位名称是大客户经理，负责公司重要客户的开发和维护，和很多有下级的管理者相比，我在公司的影响力并不弱，对公司的贡献并不小，甚至比有些管理者的影响力更强，对公司的贡献更大。

对于需要开发员工脑力的公司来说，员工不再只是执行者，他们越来越像德鲁克所说的管理者。所以，有管理者称号的员工和没有称号的员工之间的界限应该消融。自组织管理模式步子跨得比较大，认为应该取消管理者，把传统上集中在管理者身上的管理职能，分散到各个角色的职责中，以及正式的协作机制中。我认为，可以在保留管理者称号的基础上，分散或减弱传统管理者的权力，把权力赋予更多的人。传统的科层制中，相对于下级，上级集中了太多的权力。这些权力需要被合理地分散出去，调动更多人的积极性，发挥出"群策群力"的效果。

谷歌公司非常重视和信任管理者，但也有意识地分散管理者的权力。例如，在招聘员工的时候，谷歌采用招聘小组的方式，而且直接用人的经理不参与招聘过程（但可以参与其他相关部门或团队的招聘），只能在公司招进的人中去选择。这和常见的招聘方式不同：常见的模式是用人部门的经理在录不录用某人的决策中，起到决定性的作用。谷歌公司认为，用人部门的经理受到用人压力的限制，可能会做出草率的决定，而且更重要的是，识人用人是非常有挑战性的工作，仅仅依靠某个人的决策，很可能存在偏见。除此之外，如果一个人是某个经理招进公司的话，往往会形成对这个经理的心理依赖，无形中强化了这个经理在管理中的权力。而如果员工是在公司层面上由一个招聘小组招进来的，就没有这方面的心理压力。这样，员工能保持相对的独立性。员工需要接受的是整个组织体系的管理，而不是对个人的忠诚。

阿里巴巴的政委制度是有特色的一种管理制度。政委这个名称来自部队。在阿里公司，政委起到的是人力资源业务伙伴（HRBP）的功能，在人员管理中的作用举足轻重，例如，在进人和裁人这样的重要决策中有相当大的权力，并有权评定所在团队成员的价值观。政委分散了业务经理的权力。在阿里这样以销售起家的公司中，业务经理的焦点是努力扩大市场份额，向外发力，过程中存在偏离阿里价值观的可能性。目前，阿里巴巴把政委称为HRG，这个制度的存在，起到了在扩张的同时，又能保证价值观贯彻的作用。

不能简单地把赋权理解为把管理者所有的权力都减弱。调整权力的最终目的，是让内行的人有权力干内行的事，以更好地达成组织目标。在管理者把一些权力分散出去的同时，还应该交给管理者一些权力，让他们能更及时地响应变化，做出决策。例如，GE公司最近做出一项变化，每一层业务经理给下面人加薪的时候，不需要等到年度绩效评估结果出来，而是只要在预算范围内，随时可以加。这是人才争夺战的结果，迫使管理者的反应要更迅速。当下级提出来，不加薪就走人的时候，如果管理者对下属说，你留下吧，等到公司有涨薪机会的时候，给你加薪，这样往往留不住人才，所以反应要更及时。要想让管理者在留住人才方面发挥作用，就应该把相应的权力交给他们。

让对业务、市场、技术最熟悉的员工拥有权力，赋能最彻底。海底捞是一家餐饮企业，在赋能员工方面做得很有特色。例如，200万元以下的财务权都交给了各级经理，而海底捞的服务员都有免单权。不论什么原因，只要员工认为有必要，都可以给客人免费送一些菜，甚至免掉一餐的费用。有段评论把海底捞的赋能机制总结得非常好，我摘录如下："聪明的管理者能让员工的大脑为他工作，当员工不仅仅是机械地执行上级的命令时，他就是一个管理者了。按照这个定义，海底捞是一个由6000名管理者组成的公司。"

有人可能担心，如果员工的能力或素质达不到要求，授予权力反而造成混乱。这种担心有道理，可以参考如下的办法：建立机制，使员工随着能力和素质的提升，具有更大的权力，更自主地作出决策。例如，用友网络公司开发的"玩事"，不是对所有的员工开放自主权，而是一种选择性的赋能机制，即员工越追求上进，公司越给予工作自主权。例如，当一个员工的能力达到一定级别的时候，才能拥有一定的工作时间自由支配权。"玩事"提出了一个有趣的说法，叫作"闭关修炼"，即免打扰模式。其实，像美国3M公司、谷歌公司，都有让员工把15%～20%的工作时间自主支配的传统，以鼓励员工创新。但是据我了解，有些国内公司借鉴3M、谷歌的做法后，发现员工并不能自觉地使用这个自主工作时间，效果并不好。"玩事"提供了一个值得借鉴的思路，既给员工赋能，又不失控。

10.3　及时更新组织结构和岗位职责

◉ 你认为岗位说明书中最有用的是哪一条？

组织应该及时更新组织结构和岗位，动态迭代、明确职责。管理的职能之一是协调成员之间的合作，让大家向一个方向努力。岗位职责越模糊，岗位之间的边界越不清晰，需要管理者出面协调的工作量就会越大。对于现在大部分的企业来说，组织结构和岗位职责更新慢，所以很多人的感受是，工作职责中最实用的只有一条：完成上级交办的任务。其实就是因为情形和任务多变，造成职责不清晰，所以需要管理者大量介入。

岗位作为组织结构的基本单元，职责描述应该及时更新。岗位的边界越清晰，需要管理者的介入就会越少。责任明确，工作效率会提高。我建议，企业的每个管理者能定期对团队内部的岗位职责分工和合理性进行回顾，及时做出调整。例如，每个部门可以每月、每季度或每半年做一次部门内部各个岗位的职责梳理，岗位的职责界定应该更细，以明确岗位之间的边界。岗位职责应该随着具体经营情况不断做出修订，动态迭代，不期望找到一劳永逸的最优方案，而是不断寻找当下这个阶段的最优方案。这个方法的核心思路是通过不断的微调来达到对环境变化的适应性。

我建议团队领导者和成员应该定期讨论：部门或团队之间的边界是否清晰？为了更好地完成组织目标，是否需要调整？类似地，在部门或团队内部，领导者和成员应该讨论：岗位之间的边界是否清晰？为了更好地完成部门或团队目标，是否需要调整？如果公司设立有HRBP，HRBP应该深度参与这样的讨论，从人力资源专业角度，以及从公司整体人力资源安排角度，收集信息、发表意见。同时，在讨论中，应该秉承这样的原则：每个岗位承担者聚焦于思考如何优化自己所在的岗位职责，可以提出妨碍自己岗位职责履行的限制因素，但不能直接就其他岗位的职责发表调整意见。业务经理在和HRBP达成一致意见后，可以做出岗位职责调整或设立新岗位的决策。多长时间进行一次这样的讨论？这取决于及时变化和调整的必要性有多迫切，越迫切，间隔的频率越短，反之越长。我的建议是，在当今这个快速变化的时代，组织的前台应该至少一个季度一次，中后台至少一年一次这样的讨论和调整是必要的。

我对这一条的思考受到自组织的一种模式——合弄制的启发，动态迭代、及时调整岗位职责是合弄制的精髓之一。虽然我目前没有在传统的企业中看到有谁在使用，但是这一条行动指南蕴含很大的价值。很多企业也在不断地做组织结构调整，但是因为缺少一种通过微调整来达到适应性的手段，所以调整往往在问题和矛盾压制不住了才进行，但常常伤筋动骨，成本巨大。动态调整的方法让组织结构始终处在一种小的变化之中，及时地对环境变化做出响应。为了能更好地对岗位职责进行及时迭代，岗位职责最好能模块化。目前的岗位职责说明书中，一般会包括多个方面的职责。所谓模块化，就是把每个方面的职责看作是一个模块。这样，岗位职责的迭代，就落实到及时调整和更新模块。因为模块是更基本的单元，迭代就能更聚焦。此外，模块化还有增加组织灵活性的好处。如果把模块比喻成积木，那么一个岗位就是由多块积木组成的，而积木是可以灵活组合的。例如，可以根据组织的需求来灵活调整岗位，围绕人的能力来组合积木，让积木和人的能力更好地匹配起来。其实，只要积木有人干，而且干得更好，那么岗位完全可以及时调整，甚至打破传统上由于部门划分而造成的人为限制。

有一种观点认为，为了增加组织的灵活性，岗位职责的划分应该更模糊而不是更细。至于如何保证模糊的职责有人愿意承担，我听到的答案通常是依靠企业文化。这种思路的依据是：如果有富于凝聚力的组织文化，员工会把自己视为组织的主人，就会主动承担职责。我不完全排除这种可能性。也许在中小规模的企业中，通过软性的企业文化来达到灵活性是一条途径。但是，本节介绍的方法，即及时更新组织结构和岗位，动态迭代，明确职责，是一种更结构化、更有普遍性的方法，能够帮助企业持续发展，达到很大的规模。而且，过分强调软性的文化也有负面的作用，例如随着组织规模壮大，迟早会滋生出不利于组织整体目标的组织政治。

10.4 引导人们不断提升能力

❓ 你在目前的岗位上能有机会充分发挥出能力吗？

人们在一个岗位上工作的时间太长，有可能感到压抑或倦怠。根据管理学家杰奎斯的理论，当一个人的能力达不到岗位的要求，工作起来会很吃力，甚至产生强烈的挫败感。当一个人能力已经到达上限，而岗位要求和他或她的能力相匹配，这个人在工作中不容易感到压抑或倦怠。但是，对于能力还在成长的人来说，当能力超过了岗位的要求，时间一长，就容易感到压抑和倦怠。组织应该创造机制，让能力随时间仍不断成长的人，有机会找到充分发挥能力的岗位。

组织应该引导人们不断提升能力，建立 T 型、斜杠型等新的能力发展路径。目前，不少组织把人当作螺丝钉来使用，一旦螺丝钉没有了价值，就不得不放弃。这种方式没有把人的潜力发挥出来，其实对企业、对员工，甚至对社会来说，都是一种浪费。应该鼓励人们发展自己的能力，尤其是多元化的技能或经验。管理学家赫茨伯格以及哈克曼等人早就发现，如果人们的工作内容丰富，能发展起多样化的技能，就不会对工作感到厌倦。当我看到现在的组织中，很多人因为失去了发展的空间，丧失了前进的动力，浑浑噩噩地混日子的时候，我不仅为组织感到悲哀，同时也认为，组织缺乏机制，浪费人的聪明才智，是一种罪过。

可以怎么做？应该鼓励人们不断提升能力。以一个部门举例，例如可以建立多级的技能体系，技能越高，不仅是一种声誉，而且对应的薪酬也高。例如在一个团队中，如果某个组员的技能很高，可能薪酬比团队管理者还要高。另外，为了防止高技能但不干活或者挑活干的情况出现，技能等级应该对应一定的岗位职责和工作量。这方面和上面的第三点是有联系的：因为如果岗位职责是动态变化的，那么岗位价值也是在不断变化的，这会影响到以岗位价值给付薪酬的体系，否则人们会拒绝增加职责，喜好减少或减轻职责。如果一个人技能级别很高，那么承担的也应该是部门中难度级别最大的工作。特别需要指出的是，当行政管理通道上的职位越来越少的时候，能力发展机制给有抱负的人提供了发展空间，而且这个空间比传统的行政管理通道广阔得多。

我曾经在一个医药企业的销售团队中看到这种机制带来的变化。这家医药企业对销售代表分成三个级别：一般代表、重点代表和骨干代表。级别越高，公司给予的自主权和市场支持力度越大，所以销售代表们积极争取高级别。但是这家企业在评级的时候，主要靠的是业绩，忽略了专业的能力要求，所以只是一种刺激销售业绩的管理手段。当大部分人都成为骨干代表后，这个手段的激励效果也不明显了。我给予的建议是，在现有的级别基础之上，再设立三个级别：初级客户经理、中级客户经理和高级客户经理。和以往不同的是，级别评定重视专业能力要求，例如，对医药知识的要求。这个机制给公司内外的人才提供了公平竞争的机会，一方面，使得现有的销售代表中，一些有发展潜质的人愿意通过学习再提升；另一方面，也给公司从外部引入专业人才提供了制度上的保证。

T 型的能力发展路径是指在某个能力的基础上，能有更多的横向经验。T 型中的竖杠代表某种专业能力，横杠代表多样化的经验。竖杠是基础，是一个人的立身之本，而横杠则代表人的经验丰富化。例如，某个软件开发人员是 C++ 语言的高手，C++ 语言的编程能力就是这个人的竖杠，横杠是指这个人有多个项目的工作经验，例如这个人可能在铁路、烟草、零售行业都有过用 C++ 实现某种功能的经验。我建议组织不仅奖励能力的提升，也应该认可和奖励他们多样性的经验。如果能有这样的机制，会帮助员工对自己的能力如何应用在不同的场景有深刻的理解，有助于他们的工作适应性，有利于和其他人的合作，以及激发创新思维。

斜杠型（slash）能力发展路径强调多样化的技能。斜杠型能力发展路径和 T 型能力发展路径的区别在于，斜杠型更强调横向的能力发展，T 型更强调竖向的能力发展。斜杠型能力发展路径帮助人们建立起多元化的身份认同。例如，一个人在合理分配时间的前提下，可以同时是售前工程师 / 培训经理 / 项目经理。如果按照这个思路，组织内部的部门界限完全可以被打破，一个人可以选择在两到三个部门或团队从事不同的岗位。如果这些人的确有多元化的技能，组织应该认可他们的技能，给予奖励。如果能有这样的机制帮助员工建立起多元化的经验或者技能，他们更容易帮助组织发现新的机会，他们本人更容易转型，劳动力价值的使用寿命会增长，为企业作出更持久的贡献，从而减少没有必要的裁员。

有人可能会说，学习型组织和培训不也是帮助人们提高能力吗？的确如此。不过，高赋能组织更强调建立机制，引导人们主动地去提高能力。为什么有时组织发起的培训效果不理想？为什么有的组织投入大量成本，进行学习型组织建设，效果却不令人满意？主要的原因是没有让人们看到，他们的能力提升后，会有什么样的收益。高赋能组织管理模式明确指出，能力提高的目的是为了给员工赋予更大的工作自主权。例如，在用友网络公司开发的"玩事"中，能力越高的员工有优先权牵头组队，承担公司发起的创新悬赏项目。这些团队是跨部门自发组建的，一旦创新项目成功，形成新的产品或业务，参与创新项目的员工能在新成立的部门中找到心仪的岗位，比如牵头组队的员工成为新部门的管理者，而他们在以前的部门，很难有机会这么快地成长。

10.5 工作的主人和岗位的监护人

◉ 如何激发员工的积极性？

组织应该引导人们成为工作的主人，岗位的监护人。这一点是指不论人们处在企业中的哪一个层次，都应该把自己当作工作的主人，给岗位创造最好的发展空间。

当员工把自己视为工作的主人，工作中会更努力，更敢于创新。请注意，我这里讲的是工作的主人，而不是组织的主人，例如，企业的主人翁精神。随着时代的发展，任何组织都很难做出保证，雇用员工一辈子，所以让人们成为所在组织的主人不太现实。引导人们成为工作的主人，是指人们为自己的职业发展负责，为自己工作，而不是把工作仅仅视为是一种谋生的手段。为自己工作的人，会感到工作和呼吸一样自然。

同时，企业应该引导员工认识到，他们是岗位的监护人，岗位是他们帮助组织管辖的领地，他们有责任维护好领地的边界，为领地争取好的环境。需要特别强调，不能让人们认为自己是岗位的主人。监护人和主人有什么区别呢？主人有所有权，监护人没有所有权。例如，如果你已经为人父母，你是孩子的监护人，但不是主人。有了这个意识，父母就能尊重和锻炼孩子的独立性，帮助他们尽早独立，帮助他们飞得更高。我认为这一点很重要，人们应该成为工作的主人，但不能成为岗位的主人。如果他们把自己当作岗位的主人，那么他们就会拥有一种岗位所有者的想法，会本能地抵制岗位的变化，组织的变革就难以进行。这一点对于企业家也是适用的，他们越是把企业视为独立于自己人格之外的事业，越能成就基业长青的企业。

要鼓励人们成为工作的主人，就要使他们能放心地提出改进自己岗位工作职责和与其他岗位协作流程和方式的建议，并有权力去实施。每个人不需要替别的岗位操心，只需要专注于自己的岗位的利益，和团队的整体利益。作为管理者，应该培养下属，促使他们在工作中形成这种"跳出画面看画"的思维，例如可以问他们："如果你来管理这个部门，你会怎么办？"当下属来向管理者汇报工作，征求意见的时候，管理者应该首先问："你是否穷尽了你能想到的办法？"管理者应该为下属的独立和成熟感到自豪，管理者应该意识到，当他们的下属独立和成熟的时候，也给他们本人的提拔创造了条件。

绩效管理可以引导人们成为工作的主人吗？能，谷歌公司实施的OKR（目标和关键结果）管理就做到了这一点。在OKR管理中，人们的绩效目标不是从上而下被摊派的，而是在思考自己的岗位如何帮助所在团队达成目标的基础上，和上级相互协商制定下来的。人们被鼓励制定富于挑战性的目标。什么是富于挑战性的目标呢？例如，某个员工制定了 5 个季度目标，季度末完成了 3 个，有 2 个没有完成，完成率就是 60%。谷歌认为，员工完成率在 60%～70% 是正常的，如果 100% 完成目标，说明目标没有挑战性。当然，如果完成率太低，说明努力程度不够。每个人的目标在公司内部是公开透明的。季度的目标完成情况和平时的薪酬不挂钩（是的，你没有看错，不挂钩！），制定季度目标和行动计划的意义，主要是为了平时上下级之间、平级之间沟通使用。年末对员工进行绩效总评时，员工拿出自己认为对公司和团队贡献最大的几个目标参与评价，由直接上级先评分，然后评分小组做出最后的评定。谷歌的 OKR 把员工的注意力引导到如何完成好工作本身上来。如果员工非常努力，他们往往在年末更能拿得出证明自己贡献的业绩证据，得到好的评估结果。相反，如果员工只是为了完成任务，而制定了保守的目标，那么即使他们全部完成了这些目标，也不能在年末获得好的评估结果。

如何引导员工有岗位监护人的意识？需要在岗位和人之间保持一定的独立性。首先，应该让员工意识到，岗位是不断地变化的。我在 10.3 一节提到的岗位微调整方法，也是一种建立员工岗位监护人意识的方法。其次，应该让员工感到，岗位的变化并不威胁到他们在组织中的生存。我在 10.4 一节提到的斜杠型能力发展路径，就可以做到这一点：因为员工有多元化的技能和能力，哪怕是某个岗位没有存在的必要了，他们也有其他的岗位，并继续开拓新的岗位。

企业中实施的轮岗也是让人和岗位保持一定独立性的方法。在传统的科层制体系中，人们在一个岗位上工作时间太长，又升不上去，会出现很多负面效应。我的一位 MBA 学生曾在一家大型连锁零售企业工作，她给我讲了所在企业实施轮岗后带来的好处。有一些好处是我熟悉的，例如，员工学到不同岗位的技能后，公司在用人上更灵活。也有我没有想象到的益处。有一个例子给我印象深刻，有一位年资很长的基层员工，工作懈怠，很难管理，甚至动员一群基层员工和管理者对抗。轮岗后，这个员工轮到另一家新店，由于环境变了，这个员工的工作状态发生了积极的变化，在新店变得好管了。轮岗给公司和员工都带来了好处，公司有了一个业绩改善的员工，员工也避免了失去工作。

| 10.6　激发组织活力 |

◉ 你如何看待高赋能组织管理模式的应用前景？

权力是人类群体运行的核心概念。任何人想了解一个群体如何现实地运行，都不得不搞清楚这个群体的权力结构。为了激发起群体的领导力，权力结构需要不断更新。高赋能是一次权力的重新分配，它不是授权，而是分权。授权是暂时的——管理者可以随时授权给他们的下属，也可以随时收回来。分权是把权力正式地移交出去，交给最"内行"的人，让他们来管理。尽管事业部组织、矩阵组织都带有分权的特征，但是科层制的基本构架并没有改变。高赋能组织管理模式则突破了科层制的基本构架，通过重新分配权力来激发组织活力，为组织其他方面的变革和创新奠定了基础。

这种新的权力结构和什么样的社会价值观对应？我认为是尊重人的独立自主，以及帮助人实现能力上的发展。它们是社会发展进程中，人们普遍追求的两条价值观。第一，随着人们的成长，人们希望能得到尊重，能够自主地决策，选择自己的命运。他们不希望被胁迫、被恐吓。第二，人的潜能是巨大的，需要被很好地开发，而不是人为地设置限制。任何的行政官职在激励人的同时，也是一种人为地限制，因为任何人都会到达一个再也上不去的行政职位。高赋能组织管理模式强调提升人的能力，把人们的注意力引导到纵向和横向的能力提升上来。因为能力发展是没有限制的，所以人们能够在这个路上永远走下去。采用高赋能组织管理模式的组织顺应这样的发展趋势，具有持续的生命力。

我相信这种新的价值观，对新生代的员工更加具有吸引力。曾经有不少管理者向我询问管理新生代员工的经验，我也介绍过一些不成体系的实践方法。现在，我认为从根本上管理新生代员工的方法，是本文介绍的高赋能组织管理模式。

在这个变革的过程，可能最不希望改变的，是传统的管理者。这些管理者把管理其他人看作是一种职业，把各种政治手段看成是必不可少的生存技能，把扩大自己的下属数量看成是成就。本书提出的高赋能管理模式减弱了他们的权力，会使他们感到不安。对此，我对传统的管理者有两个提醒。第一，岗位的价值在于对组织作出的贡献，如果单纯地管人不能对组织作出实质的贡献，那么应该想想，在哪里可以找到新的价值。第二，如果不能增值，管理者就是企业的成本负担，企业的所有者乐于压缩这个部分的成本。据报道，在海尔公司发起的组织变革中，有1万多个中层管理岗位被取消。实际上，在方兴未艾的各种自组织中，它们的实践表明，管理完全可以在没有传统管理者的情况下存在，组织的经营绩效不但没有减少，甚至更高。我对管理者的建议是：转变并不可怕，可怕的是不转变。为了在高赋能管理模式中找到位置，管理者应该保持对业务和产品有足够的了解，把自己的角色从控制向服务转变，从指挥向协调转变。

转变需要机制的支持，需要组织的决策者做出选择。在和中高层管理者交流中，我发现，大家普遍有一种焦虑感。这种焦虑源自于快速变化的时代中产生的无所适从感，以及内心深处对工作安全的担心。我倒是觉得，这种焦虑感是有好处的，如果利用得当，将成为他们学习的动力。

而且，他们绝大多数都有很好的学习能力，完全能够胜任新的组织体系和角色。但是，目前大部分组织应对变革的方式，是对管理者进行各种针对个人的培训，如各种领导力的培训。无需否认，这些培训是有作用的，但我认为，从本质上起到作用的，是组织的决策者建立适应变化的新的管理模式，用机制来推动组织变革。

参考文献
References

[1] 埃德加·沙因（著）；郝继涛（译).企业文化生存指南 [M]. 北京：机械工业出版社，2004.

[2] 埃德加·沙因（著）；马红宇，王斌等（译).组织文化与领导 [M]. 北京：中国人民大学出版社，2014.

[3] 爱德华·霍尔（著）；何道宽（译).无声的语言 [M]. 北京：北京大学出版社，2010.

[4] 大卫·休谟（著）；周晓亮（译).人类理智研究 [M]. 北京：中国法制出版社，2011.

[5] 戴维·帕卡德.惠普之道：比尔·休利特和我是如何创建公司的 [M]. 北京：新华出版社，1995.

[6] 道格拉斯·霍尔特，道格拉斯·卡梅隆（著）；汪凯（译).文化战略：以创新的意识形态构建独特的文化 [M]. 北京：商务印书馆，2013.

[7] 吉尔特·霍夫斯泰德，格特·扬·霍夫斯泰德（著）；李原，孙健敏（译).文化与组织：心理软件的力量 [M]. 北京：中国人民大学出版社，2010.

[8] 吉姆·柯林斯，杰里·波勒斯（著）；真如（译).基业长青 [M]. 北京：中信出版社，2002.

[9] 金·卡梅隆，罗伯特·奎因（著）；谢晓龙（译).组织文化诊断与变革 [M]. 北京：中国人民大学出版社，2006.

[10] 肯尼迪，迪尔（著）；印国有等（译）.公司文化：公司生活的礼节和仪式 [M].北京：生活·读书·新知三联书店，1989.

[11] 拉斯洛·博克（著）；宋伟（译）.重新定义团队 [M].北京：中信出版集团，2015.

[12] 李海，郭必恒，李博.中国企业文化建设：传承与创新 [M].北京：企业管理出版社，2005.

[13] 迈克尔·托马塞洛（著）；苏彦捷（译）.人类思维的自然史 [M].北京：北京师范大学出版社，2017.

[14] 迈克尔·托马塞洛（著）；苏彦捷（译）.我们为什么要合作 [M].北京：北京师范大学出版社，2017.

[15] 迈克尔·托马塞洛（著）；张敦敏（译）.人类认知的文化起源 [M].北京：中国社会科学出版社，2011.

[16] 乔安妮·马丁（著）；沈国华（译）.组织文化 [M].上海：上海财经大学出版社，2005.

[17] 乔治·米德（著）；霍桂桓（译）.心灵、自我和社会 [M].上海：译林出版社，2012.

[18] 曲庆.企业文化落地理论与实践 [M].北京：清华大学出版社，2015.

[19] 小托马斯·沃森.一个企业的信念 [M].北京：中信出版社，2003.

[20] 伊查克·艾迪斯（著）；赵睿等（译）.企业生命周期理论 [M].北京：中国社会科学出版社，1997.

[21] 约翰·科特，詹姆斯·赫斯克特（著）；李晓涛（译）.企业文化与经营业绩 [M].北京：中国人民大学出版社，2004.

[22] 张德，余玲艳，刘泱.中小企业的成功范式：心力管理解读 [M].北京：清华大学出版社，2012.

[23] 张德.企业文化建设（第三版）[M].北京：清华大学出版社，2015.

[24] 周永亮，孙虹钢.方太儒道 [M].北京：机械工业出版社，2016.

[25] Alvesson, M.（2013）. *Understanding Organizational Culture*（2nd Ed）. Sage Publications.

[26] Denison, D. (1990). *Corporate Culture and Organizational Effectiveness*. John Wiley & Sons.

[27] Jackall, R. (1988). *Moral Mazes: The World of Corporate Managers*. Oxford University Press.

[28] March, J. (1994). *A Primer on Decision Making*. The Free Press.

[29] Martin, J. (1992). *Cultures in Organizations: Three Perspectives*. Oxford University Press.

[30] Simmel, G. (1950). *The Sociology of Georg Simmel*. Simon and Schuster.

[31] Simmel, G. (1997). *Simmel on Culture: Selected Writings*. Sage.

[32] Trice, H. & Beyer, J. (1993). *The Cultures of Work Organizations*. Prentice-Hall, Inc.

[33] Weick, K. (1979). *The Social Psychology of Organisations*. Reading, Mass: Addison-Westly.

[34] Weick, K. (1995). *Sensemaking in Organizations*. Sage.

附 录
Appendix

请根据你对目前所在（或曾经服务过）的公司的了解，结合本书的知识点和学习体会，参考如下的提纲，撰写一份公司文化和变革的论文。需要特别提醒你注意的是，成型的论文应该是一篇结构完整、流畅通顺的文章，而不是对提纲中问题的机械回答。

一、企业简要的背景

二、识别企业的一些文化表象（最好自己能拍摄一些照片）

1. 衣着服饰上的特点：正式还是非正式？统一的程度？有制服吗？
2. 工作时间：加班吗？对上下班的时间要求严格吗？
3. 会议：频繁程度？会议进行的主要特点，是参会者都发言，还是个别人发言？是简明地进行，还是比较长？参会者对会议的主题准备充分吗？
4. 身份标志：例如，有没有明显的身份标志？停车位、餐厅、办公室、电脑等方面是不是有明显的差异？
5. 礼仪和典礼：如何称呼你的上级？有没有固定的重大典礼或仪式？

三、表达的价值观和理念

1. 公司有正式的文化手册吗？其中最核心的内容是什么？一般核心

内容可能包括的方面有：企业使命、企业愿景、核心价值观、企业精神、企业作风、经营理念、管理理念、道德和伦理。

2. 公司网站上有对企业文化（尤其是使命、愿景和价值观）的表述吗？

3. 公司领导在重要会议上的讲话：最强调哪些目标或价值观？哪些目标或价值观的词出现的频率很高？

四、企业文化的内涵

1. 使命、战略和目标

（1）这家公司之所以存在的理由是什么？它在经济目标之外有没有其他的追求？

（2）这家公司的战略在多大程度上来自公司的使命？

（3）公司的战略是否能够实现这家公司的使命？

2. 组织结构

（1）这家公司的组织结构是什么样的类型？为什么会有这样的类型？正式的组织结构和如何完成工作的设计在多大程度上反映了公司创始人或领导的某种信仰？还是比较"通用"的组织结构类型（即在多数类似规模的同行业公司中都可以看到）？

（2）不同的结构单元中是否存在明显的亚文化？这些亚文化是因为职业和分工造成的吗？还是什么其他的因素造成的？

3. 纠偏和修正系统

（1）这家公司主要的控制系统是什么？其中最重要的指标是什么？除了财务指标，最重要的控制指标是什么？公司在多大程度上关注顾客的反馈？

（2）公司在多长时间会校对自己的目标完成程度？

（3）如果你发现一些重要的目标没有达到，你会怎么做？

（4）公司对"失败"的人是如何处理的？他们会被调岗？清退？

冷冻？还是有其他的处理方式？

（5）公司有没有鼓励创新的容错机制？

4. 共同语言和概念

（1）公司中大家使用的行话多吗？行话是指内部人员听得懂，但是外人却感到古怪或不清楚的表达。例如：大灰狼（老板）、要求炮火支援（技术人员和专家团队支持一线销售）等。

（2）你的朋友有没有说过你身上有某种和你的公司成员身份联系在一起的语言和思维方式？

（3）如果你不止在一家公司待过，那么现在的这家公司中人们的谈话和思维方式有没有什么不同？最显著的差异在哪里？

5. 人际关系

（1）如果下属不赞成老板的意见，大家一般如何表达自己的不同看法？

（2）上司和下级交流业绩表现吗？还是下级需要去猜测自己干得如何？

（3）公司在多大程度上希望你把家庭和个人问题与工作分开？

（4）你和同事之间的社交感觉舒适吗？同事之间的稳定朋友关系多不多？

6. 报酬和地位如何分配

（1）除了职位之外，还有什么能够分清公司中人们的地位高低？

（2）在你的公司中，最重要的奖赏是什么？哪些惩罚很厉害？

（3）在这家公司中晋升需要哪些条件？

五、文化的基本假设

1. 从企业文化的内涵中，试着找到一些关于企业文化的基本假设。

2. 对比企业文化的内涵和企业表达的价值观或理念之间有没有哪些不一致或冲突的地方，思考到底是什么文化假设在推动着现实的表象。

3. 写下第1、2步找到的基本假设，参考沙因的分类方法进行分类（即关于人与自然的关系的假设、关于人性的假设、关于人际关系的假设、关于现实和真理的本质的假设、关于时间和空间的假设，但不一定生搬硬套），并思考这些基本假设形成的历史，以及在公司历史上重大事件中的表现。这些基本假设是否改变？有多大程度的改变？还是基本没有改变？

4. 回顾一下公司的使命，这些基本假设还能支持公司实现它的使命吗？哪些是值得保留的？哪些变成了制约因素？尽量把公司的基本假设看作是可以应用的积极因素，而不是需要抛弃的障碍。很多情况下，是围绕基本假设的具体经营和管理实践出现了过时和僵化，而不是基本假设本身出现了问题。当然，如果的确是基本假设变成了公司发展的制约因素，那么就明确地识别出这些假设，并加以分析说明。

六、文化的定量诊断

1. 画出用奎因和卡梅隆的文化诊断工具发现的文化类型图。
2. 描述现状文化和目标文化。

七、企业文化的变革

1. 企业文化中的哪些基本假设需要变革？哪些文化类型对应的经营和管理模式需要变革？

2. 你所在公司的阶段是属于成长期？中期？还是成熟期？根据你所在公司的发展阶段，重点阅读本书第8章。推荐参考沙因《企业文化生存指南》中的对应章节，即如果公司是成长期，重点阅读第5章；如果是中期，重点阅读第6章；如果是成熟期，重点阅读第6、7章。推荐参考卡梅隆和奎因的《组织文化诊断与变革》（第5、6、7章）以及科特和赫斯克特的《企业文化与经营业绩》（第7、8、9、10章）并思考：

（1）公司的使命需要明确吗？需要调整吗？

(2）公司的战略是不是能很好地支持使命的实现？是否需要新的内容加入到战略中？

（3）组织结构需要调整吗？如何调整？

（4）工作和技术流程需要调整吗？如何调整？

（5）制度需要调整吗？尤其是人力资源管理制度，哪些需要调整？如何调整？

（6）领导风格需要有什么样的转变？如何选拔和培养适应性领导？

（7）如何宣传好目标"企业文化"（即本书 4.4 节所称的"作为宣称价值观的意识形态"）？如何通过宣传发扬企业文化中需要继承的部分？